JN059024

戦後日本の開発経験

高度成長の礎となった「炭鉱・農村・公衆衛生」

佐藤寛 編著

明石書店

はじめに　開発社会学の視点から戦後を語る意味

佐藤　寛

　今から約半世紀前の1970（昭和45）年。第二次世界大戦終戦後25年を経て日本列島は「豊かさ」という果実を誰もがそれなりに実感できる一つのピークを迎えていた。本書は、この1970（昭和45）年という年の日本は、世界の開発史の中にどのように位置づけられるか、をメインテーマとしている。

　第二次世界大戦後の日本の社会史は、「敗戦」（1945＝昭和20年）と都市の壊滅という極限状態に始まり、飢えと社会的混乱からの「復興」過程（昭和20年代）を経て、「高度成長」（昭和30年代半ばから昭和40年代半ば）に至る一連の事象として記述することができる。

　本書で我々が主に注目しているのは、昭和20年から昭和40年代にかけてのこの「戦後」期である。この時期の西暦と和暦の位取りは5年ズレているので西暦では1940年代半ばから1970年代半ばに当たる。執筆時点（2020年代・令和一桁年代）から見ても、敗戦は75年以上前、高度経済成長のピークを刻するように開催された1970（昭和45）年の大阪万博も50年以上前という歴史上の出来事である。そればかりではなく、既に多くの研究者や文筆家が「戦後」期についての記述を蓄積している。その時期にいまさら注目しても、何か新たな知見を加えることができるのかという疑問は当然湧いてくるだろう。

　我々があえてこの時期に注目する意図は、日本人にとっては自分たちに固有な極めて「特殊」な経験として記憶されている「敗戦〜復興〜高度成長」という一連の出来事を、今日の途上国が経験している「開発」＝「他者からの援助を利用した近代化過程」と同じ種類の出来事として振り返ってみたいからである。これは、日本の歴史を戦後世界史を形成した数多くのピースの一つとして相対化する試みでもある。

　日本は「高度経済成長」に成功した最初の途上国だったが、その後20世紀後

半以降多くの途上国が近代化を目指した政策を取り入れ、NIES（新興工業国）と呼ばれた、韓国、台湾、シンガポール、香港、先発アセアン諸国（マレーシア、フィリピン、インドネシア、タイ）などは開発に一定程度成功して「高度経済成長」の時期を経て「中進国」とも呼ばれるようになった。21世紀に入りこれに中国も続き、インドも「高度成長」を経験している。どの国も、経済成長が急激であればあるほど、それに伴ってさまざまな社会的課題にも直面することになるのだが、これもまた、日本が高度経済成長期にくぐり抜けた課題群と共通している。

　本書では、高度経済成長期それ自身よりも、日本がこの華々しい社会変化に突入する準備を整えていた時期の社会の変化を、炭鉱、農村、公衆衛生という三つの視点から捉えなおそうとしている。そして、開発政策とそれに対する人々の反応の相互作用の蓄積が社会の変化として結実する、と捉える開発社会学の視点から整理することで、語り尽くされたかに見える戦後日本の経験に新たな意味を見出してみたいのである。

戦後日本の開発経験

高度成長の礎となった「炭鉱・農村・公衆衛生」

もくじ

第二部　高度成長を準備したローカルな状況

第1章 高度成長を用意したもの

―映画『家族』の風景を理解する

佐藤　寛

1970年とはどんな年だったのか

　高度成長の終焉は1973（昭和48）年の「オイルショック」に求めることが一般的であるが、高度成長の歪みの表象の一つである「光化学スモッグ」が日本で最初に確認されたのが1970（昭和45）年7月の東京であり、これを契機に高度成長への信奉に陰りが見え始めるという意味でも、この時代の一つの到達点を1970（昭和45）年と設定することは一定の説得力があると考えられる（まだその後しばらくの間は経済成長は続くが）。

1. 高度経済成長真っただ中の日本列島を縦断する「家族」

　山田洋次監督の映画『家族』は、高度成長の真っただ中の1970（昭和45）年の日本列島を切り取ったスナップショット的な記録である。1970（昭和45）年は本書の以下の章で展開されるさまざまな分野の「開発経験」の到達点であり、第二次世界大戦の敗戦以来25年間の結果としての「繁栄」が多くの人の目に見えるようになった年でもある。

　そこで本章では、この映画『家族』というタイムマシンに乗って、ここに描かれた1970（昭和45）年の日本列島をフィールドワークし、そこから当時の日本の「開発状況」を素描してみたい。なおこの映画については、既に社会学者の吉見俊哉が『万博と日本』で取り上げている（吉見 2011: 30-31）。その意味では二番煎じなのだが、我々は「万博」ではなくその背景に横たわる日本社会の基層部分に焦点を当てていきたい。

《斜陽化する炭鉱と勃興する工業地帯》

　キリシタンの伝統を持つ長崎の炭鉱島（伊王島）の炭鉱夫である主人公風見精一は、斜陽産業となっていく炭鉱に見切りをつけ、経済的自立を夢見て北海道の政府開拓事業に応募することを決心する。1970（昭和45）年の桜の咲くころ、妻子（就学前の男の子と乳児）を伴って「自営農＝地主」を目指す一行は、老父とともに連絡船で長崎に渡る（注・2011（平成23）年3月に伊王島大橋が開通し、伊王島は長崎市内から30分の距離になる）。長崎から列車（長崎本線〜鹿児島本線〜山陽本線）に乗って、日本の重工業化の象徴とも言える八幡製鉄所を通過、瀬戸内工業地域（福山）に働く弟一家の家に立ち寄る。当初の目論見では老父を弟に託すつもりだったのだが、あこがれの「サラリーマン」たる弟・風見力は自家用車（軽自動車）こそ持っているものの、小さな社宅につつましく暮らしていて、老父を引き取る余裕はない。老父は精一一家と北海道まで同行する決意を固める。

《人類の進歩の祭典》

　一家は福山から山陽本線で大阪に向かい、梅田地下街の雑踏に翻弄されながらどうにかレストランをみつけ昼食をとる。時あたかも「人類の進歩と調和」を謳歌する大阪万博の開催年であった（半年間の会期は3月14日に開幕したばかりである）。そこで一家は新幹線までの空き時間を利用して万博会場に立ち寄るが、人込みと混雑に圧倒され入場することなく新大阪駅に引き返し、「夢の超特急」（山陽新幹線はまだ開通していないので、新幹線は新大阪〜東京間のみだった）で東京にたどり着く。この日一家は「地下街、万博、新幹線」という戦後近代化の頂点を一日で経験するのである。

《乳幼児死亡率》

　しかし、過酷な旅程は乳児には負担となり、上野駅で東北本線の夜行列車を待つ間に乳児は体調を崩し、一家は東京で予定外の宿泊をすることになる。乳児の診察を受けようと夫婦は好景気に沸き、猥雑なネオンのきらめく夜の東京の盛り場の中で医院を探すも、赤ん坊は命を落としてしまう。

　その後一家は東北本線の夜行列車を経て（東京〜青森〜青函連絡船）函館に到着し、さらに列車を乗り継いで（函館本線〜根室本線〜標津線）中標津駅（注・標津線

は1989（平成元年）年廃線、標津駅は廃駅となる）に到着し、最後は先に入植した同郷人の迎えのトラックで開拓地に、へとへとになってたどり着く。約2500kmの旅路であった。

2.　映画の背景にある高度成長の日本で起きていたこと

では、一家が通過した高度成長に沸く日本列島の基層では、いったいどのような社会の変化が起きていたのだろうか。産業復興と石炭産業の衰退、国家的開発計画の開始、農村の変化、国民の栄養・健康水準の向上の四つの視点から見てみよう

2.1.　マクロ状況〜産業構造の転換

離農の時代

1970（昭和45）年。過度な修辞は避けるべきだが、それでも日本はある意味で黄金時代であった。もちろん、まだまだ耐久消費財の普及は全国津々浦々にはいきわたってはいないが、工業化／産業化（Industrialization）は不可逆的に進展し、それまで日本の経済を支えてきた農業の重要性は（米の生産量、生産性は向上を続けていたものの）漸減していた。これは農家の次三男の離農、世帯主の兼業化の進展による「農的生活」の衰退と、国民総生産（GNP）における相対的な重要性の低下という両面で進行していた。そのコインの反対側として都市部・工業地帯における工場労働者需要は増加し、農村から離農する若者を吸収していった。今日的視点からは、農村部の過疎化はこの時点から始まったとも言えるのだが、当時この傾向に異をとなえる議論はほとんど見られなかった。時は「開発の時代」だったからである。

電力不足の時代〜石炭産業の盛衰〜

工業化に欠くことのできないのは電力である。「産業の米」と言われた電力需要は、戦後日本では常に「生産力向上のためのボトルネック」であった。したがって国民総生産を増加させるためには発電力の増加が必要であり、これに応えて日本列島の各地で発電ダムを建設する「ダム開発の時代」が最盛期を迎え

るのが1950-60年代である。日本は明治期以来国内資源としての水力を活用し、火力を補完的に用いる「水主火従」政策をとってきた。しかしダム建設が大型化するにつれて移転問題によるコスト増や建設工期の長期化などを受けて、国内石炭を主力とする「火主水従」に転換していく。この結果1940-50年代の復興期に工業機械の動力源、輸送の動力源、火力発電などの需要によって石炭産業は活況を呈し、石炭は黒いダイヤと呼ばれた。しかし、1960年代に入ると石炭から石油への世界的なエネルギー革命、並びに近代的採掘法を用いて海外で安価に生産された輸入炭の流入によって一気に斜陽産業化することになる。高度経済成長の陰で斜陽化した石炭産業は、この意味で明治期以来の「近代化の夢」に最初に裏切られた産業であったと言えるかもしれない（第2章・佐野・滝村）。

なお、ダム開発の最盛期である1960年代にも既に水力、火力に替わる電源として原子力の議論が始まっており、日本の初期の原発のほとんどが1960年代に建設が始まり、1970年代に稼働開始することになる。そして関西電力（株）美浜発電所は1970（昭和45）年の万博会期中に万博会場に試験送電を開始したのである（吉見 2011：19）。

美浜発電所からの送電を伝える大阪万博会場の電光掲示板（1970（昭和45）年8月8日）資料提供：関西電力株式会社

開発計画の時代～全国総合開発計画（全総）～

風見一家は、八幡製鉄所と瀬戸内の工業地域を通過する。戦後の工業化政策ではまず京浜、中京、阪神、北九州の四大工業地帯の整備が行われ、重工業化・化学工業化に着手する。さらにその後太平洋ベルト地帯構想（吉見 2011：36）によって瀬戸内工業地域も開発されていくのであり、弟一家の住む福山はまさにこの工業地域に位置する。なお、日本の社会学では、1960年代に福武直らが福山・倉敷・水島工業地帯研究を行っており、ある意味でこれを日本における「開発政策」の社会学的研究の嚆矢と見ることもできる。

ちなみに工業地域建設前の瀬戸内は、「入り浜式塩田」による製塩業が盛んであり、瀬戸内工業地域の建設によって製塩業が衰退し日本は食塩不足に陥る。この時福島県双葉町の日本軍航空隊基地跡に新たに塩田が作られたという

（吉見 2011：16）。そしてこの塩田跡地がその後、福島原発を誘致することになる。2011（平成23）年の東日本大震災と原発事故による「帰還困難地域」の発生という事実を見るならば、この連鎖（工業地域の建設→伝統産業（製塩）の駆逐→放棄地への新規産業（製塩）としての入植→製塩の工業化による伝統製塩の衰退→衰退地への新規産業（原発）の誘致→最終的な環境・住民被害）は、開発研究に超長期的な視点が必要であることの一つの典型的な事例とみなすことができよう。

　マクロレベルでは、戦後復興を終えていよいよ「開発」の段階に進んだことを象徴しているのが、1962（昭和37）年に策定された最初の「全国総合開発計画」であった。これは、好景気（岩戸景気：1958（昭和33）年7月〜1961（昭和36）年12月）による工業生産の向上に伴い、都市と農村の間の格差が現れ始め、同時に都市のインフラ（道路、下水道等）整備の遅れが経済成長の足かせになる状況が顕在化してきたことを受け、1970（昭和45）年を目標年として策定された、戦後日本の最初の「**開発計画**」であった。

農村の変化〜自給目標の増産から減反政策へ〜

　ではこうしたマクロな政治経済状況の中で、この時期、農村では何が起こっていたのだろうか。戦後復興当初、日本の農業は壊滅的な打撃を受けていた。男手が徴兵によって出払い、なけなしの工業資源は軍需産業優先のために農業機械、農薬や肥料などに回す余裕はなく、農業分野の生産力は低下していた。加えて天候不順もあって1945（昭和20）年、46（昭和21）年の米生産は記録的な不作であり、多くの国民は「食糧難」に直面する。特に都市居住者はインフレによる食糧価格の高騰と、配給米の不足で「タケノコ生活」を強いられる（岸 1996）。

　その後農業増産の掛け声の下で、農協の立て直し、農業の機械化が推し進められ米生産は飛躍的に増加する。食糧増産のための国内での戦後入植も推進され、風見一家が向かう中標津もこの戦後開拓の国策事業の一環である。ちなみにこの地域は当時世界銀行の融資を受けた農業プロジェクト「根釧パイロットファーム」事業の対象地でもあった。同じく米増産のために秋田県の八郎潟を埋め立てて水田を造成するという大干拓事業も行われた。農業も近代化の波に巻き込まれていったのである。

　米増産が軌道に乗り始めた1950年代から、工業化による労働力需要が増加し、「金の卵」と呼ばれた若年労働力の集団就職による都市への計画的大移動が始まり、昭和初期の大恐慌以来政府を悩ませてきた「農家の次三男の雇用対策」は不要になる。これは、工業化を推進したい国家開発政策の側から見ると「人口ボーナス」の理想的な活用例であった。

　ただし都市部における工業化の進展に伴い、経済成長の果実が主として都市に集積することで、都市と農村の所得格差が拡大し始めた。そこで農工間所得格差の是正を目指す農業基本法が1961（昭和36）年に制定される。この農業基本法に基づいて、農村に対する補助金投入政策が開始され、開発政策としての「農業構造改善事業」「機械化」が推し進められる。

　また、この前年1960（昭和35）年に池田内閣が策定した「所得倍増計画」は開発計画としてはユニークなもので、1962（昭和37）年の全国総合開発計画もこの一環として位置づけられる。10年間でGNPを倍増させるという目標が達成されたこの数年間は、まさに「開発計画」の時代だったのである。

　しかしながら八郎潟が完成した直後から米生産は需要を上回るようになり、1970（昭和45）年には減反政策が導入され、今日に続く農村の「疲弊」が始まる。

2.2.　ミクロ状況〜栄養水準と保健水準の向上

　1964（昭和39）年は、東海道新幹線が開通した年であり、欧米以外で最初の東京オリンピックの開催年である。また、この年日本はOECDに加盟し「先進国」グループの仲間入りをし、さらにIMF8条国となり為替管理を自由に行えるようになった。そしてこの同じ年に、日本の出生1000人当たりの乳幼児死亡率は20.4となり（終戦後の1947（昭和22）年は76.7）、同時期のアメリカ合衆国の水準を上回った。すなわち、国民の健康水準は急激に改善し、「先進国並み」となったのである。この背景には、1957（昭和32）年に策定された「国民保険普及四か年計画」で1960（昭和35）年までに国民保険未加入者を全員加入させるという目標を設定し、国民皆保険制度を完備していったこと、健康保険の運営を国民保険組合から地方自治体に移管し、自治体保健婦の活動を推進したことなどがある（第4章・坂本）。

　戦後日本の公衆衛生は、占領軍（GHQ）の意向を受けて根本的な改革、近代

化が進められた。このことは、今日の途上国の公衆衛生政策にもさまざまな示唆を持っていると思われる。

　風見一家の乳児早苗は、旅の途中でひきつけを起こして死亡してしまうのだが、風見夫婦は病院を探して夜の東京をさまよう。宿をとった上野駅近くの繁華街にある病院では、玄関をいくらたたいても誰も出てこないが、通りがかりの人に「この医院には夜は誰もいない」と教えられる。地方では医院は医師の自宅を兼ねており、夜でも急患であれば診てもらえるし、往診という制度もあったのだが、近代化した都会では医院・病院は「通勤先」に替わりつつあることを示唆している。その後乗ったタクシーで精一は都会の不人情をかこつのだが、タクシー運転手（この人自身も地方からの上京者である可能性は高い）は、無言である。ようやく夜も診療している救急病院にたどり着くが、そこには交通事故の患者も運び込まれるなど、騒然としている。早苗は、しかし助からなかった。

　クリスチャンである風見家は教会を見つけ葬儀をしてもらうが、死亡証明と火葬の手続きのために訪れた区役所で、精一は旅を急ぐので早く手続きをしてほしいというが、職員は規則を盾に聞き入れない。このやり取りからは、戸籍制度、母子手帳制度などが整備され、国民が生まれてから死ぬまでをきちんと把握する明治以来の「近代的」行政制度が完備し、社会インフラが確立していた日本の状況がうかがわれる。

3.　近代化の奔流

　大阪の地下街で雑踏に圧倒され道に迷う一家、万博会場で人込みに絶句する一家、そして夕方のラッシュ時に東京駅から上野駅に大きな荷物を抱えて満員電車で移動して周囲の顰蹙を買う一家。老父が、新大阪駅で初めて経験するエスカレーターに上手に乗れないエピソードは、今日の途上国で初めてショッピングモールに行く人たちが経験する通過儀礼を思い起こさせる。そこには、農村部から都市に初めて出てきた「田舎者」の経験する戸惑いが象徴的に表されている。また夫婦が病院を探し回る夜の東京はネオンが輝いているが、これはダム建設や石炭火力発電所による発電力の増加が背景にあってこそである。

　一家が北上する起点となるのは上野駅だが、この時期の上野駅は「集団就職

16

列車」の終着駅であり、毎年春に大量の中卒・高卒の「金の卵」が不安を胸に上京してきた場所である。1964（昭和39）年に発売された井沢八郎の「ああ上野駅」は、集団就職で上京した団塊世代の「心の応援歌」とも呼ばれていた。

映画『家族』では目的地の中標津以外の農村は描かれていない。しかし農業の政治化、農村の補助金依存については、実は明確に言及されている。それは早苗の遺骨を抱いて北上する東北本線車中で、聞くとはなしに聞こえる乗客の会話である。おそらく、国会に地元出身の議員をめがけて「陳情」に行った帰りであろう農協役員が、減反政策あるいは土地改良などに関する陳情について語る場面である。

農業基本法でうたった農工間所得格差の是正は一定程度達成され、この時期は農家所得が都市労働者所得を上回ることもあったが、それは農業収入の向上もさることながら、兼業の成果であった。すなわち、高度成長の果実が農村に届いたのは農業よりも、むしろ地方の工業化やインフラ建設の推進の効果と言えるかもしれない。

ところで、土地改良という官製土木工事の推進や農協を通じた農機具の普及など、この時期に農業もまた「近代化」していくのだが、そうした動きに農村社会が単に受け身であったわけではない。日本の高度成長に関連してほとんど語られることのない社会運動に、「生活改善運動」がある。農林省と各県の共同事業として実施された生活改善事業は、とりわけ農村の主婦の主体性確立、今の言葉でいえばエンパワーメントを目指す社会開発・コミュニティ開発事業であった。都市に大量に排出されていく労働者に基礎教育を授けたのは農村の小中学校であるが、その児童生徒は家庭で育つ。生活改善運動は、そうした農家家庭の主婦を対象とした一種の「社会教育事業」でもあった。台所の改善、便所の改善、栄養改善、家族計画、家計簿記帳、生活全般の合理化（≒近代化）が目指され、健康な労働者予備軍を育てることに貢献したことは、マクロ経済的な視点からもっと評価されてしかるべきであろう。また、農繁期の「共同保育」「共同炊事」などによる、農作業の効率化と家事の両立、さらには農産物加工による保存食づくりから、それらの手作り加工品の「商品化」による収入向上にも取り組んだ。今日の道の駅で見かける、「手作り食品」の多くはこの時代に生まれた「生活改善グループ」に起源を持つものも少なくない（第3章・辰己）。

　ここで強調しておきたいのは、当時の農村は、けっして高度成長と無関係であったわけでも、単に受け身であったわけでもないという点である。吉見は『家族』のセッティングを「支配的なリアリティから疎外された他者のまなざしと、そうした他者の場としての九州の炭鉱町や北海道の開拓村という設定が必要であった」（吉見 2011：55）としているが、この点は我々の認識とやや異なる。我々の認識では、九州の炭鉱から北海道の開拓村に至る、この家族の旅路、その車窓から眺められた農村（それは映画の中では一度も取り上げられていないが）で、起きていたことこそ「高度成長」を準備する背景そのものであった。すなわち、まさに風見一家のような庶民が日々積み重ねていた「開発」体験が、高度成長を準備したと考えるのである。

4.　高度成長の主人公としての「家族」

　この意味で、開発社会学の視角からは風見一家は高度成長の時代という「支配的なリアリティ」の「主人公」なのであって、「疎外された他者」ではない。ただし、本書で取り上げる石炭産業に従事した人々は、高度成長の主体にはなれなかったという意味で、「疎外された」数少ない例外と言えるかもしれない（第 5 章）。炭鉱夫たちが疎外され続けたのは開発政策に伴う産業転換の犠牲者という観点から説明することはできるかもしれない。この点については、終章において GHQ の政策変更に翻弄されたストーリーとして再度考えてみたい。

　一家が入植した中標津は農林省の設定する開拓地であったが、生活改善運動は開拓地にも及んでいた。開拓民を支援する施策は、補助金や融資といった資金面にとどまらず、生活支援のための開拓保健婦という濃密な対人サービスが存在していたのである。伝統的な農村であれば、初産であっても経験豊富な母親、姑、産婆などがいて通常の分娩ならば問題ないが、開拓地にはそうした「人生のベテラン」は存在しない。しかし開拓者の条件は通常「若い夫婦」であり、当然そこで出産することが期待されている。それゆえに、開拓地には医者はいなくてもまず「とりあげばあさん」が必要とされたのである。戦前から開拓産婆という制度はあったが戦後はこれが開拓保健婦となった。『家族』のヒロインである風見民子は、中標津で新たな命を宿すが彼女は病院での出産では

なく、自宅分娩の出産介助に開拓保健婦が当たった可能性が高い。このように、開拓地でも安心して出産ができるように国家が支援したことも、開発政策としては重要な側面である。

　既に述べたように農村の栄養状態、衛生状態は保健行政の尽力もあって急激に向上していた（第4章・坂本）。1970（昭和45）年は農村生活改善運動も含めて、そうした農村コミュニティにおける女性の活動が活性化していた時代でもあったのである（第3章・辰己）。

　風見一家は開拓事業から離脱した人の家の後釜に入り、開拓生活が始まる。入植後民子が宿した風見家の第三子はおそらく1971（昭和46）年に生まれているので、2023（令和5）年で57歳となるはずである。酪農を継いで成功していればそれなりの生活を送っているだろうし、離農して都市に出てサラリーマンになっていればそろそろ定年を迎える年齢である。いずれにせよ、我々が振り返っているのはほんのひと世代前の「開発経験」だという点が重要である。

　以下、第2章から戦後開発の原点としての「占領」以降の流れを整理し、「炭鉱」「農村生活」「公衆衛生」という三つの視角から、高度成長を準備した日本で、外部主体、国内の政策担当者、現場での実務担当者、そして庶民がどのような開発を経験していたのかを見てみよう。これは、高度成長を生きたごくありふれた「主人公」たちの物語である。

参考文献

福武直編（1965）『地域開発の構想と現実 第1－第3』東京大学出版会
猪木武徳（2000）『経済成長の果実1955-1972』中央公論新社
加瀬和俊（1997）『集団就職の時代：高度成長のにない手たち』青木書店
岸康彦（1996）『食と農の戦後史』日本経済新聞社
高度成長期を考える会編（1985）『高度成長と日本人PART2 家庭篇』日本エディタースクール出版部
女たちの現在を問う会編（1992）『高度成長の時代　女たちは　銃後史ノート戦後篇6　1961.1～1964.12』インパクト出版会
鈴木正仁・中道實編（1997）『高度成長の社会学』世界思想社
武田晴人（2008）『高度成長』岩波新書
上野千鶴子編（1982）『主婦論争を読むⅠ・Ⅱ』勁草書房
読売新聞20世紀取材班編（2001）『20世紀高度成長日本』中公文庫
吉川洋（1997）『高度成長　日本を変えた6000日』読売新聞社
吉見俊哉（2009）『ポスト戦後社会』岩波新書
吉見俊哉（2011）『万博と戦後日本』講談社学術文庫

第一部
途上国としての
戦後日本

第2章　開発社会学の視点で見る戦後の石炭産業

佐野　麻由子・滝村　卓司

1. はじめに

　本章では、国の復興・開発政策並びに占領者・外部者の政策に翻弄された、戦後の石炭産業の盛衰を扱う。石炭産業は、占領下での国策による増産支援から、1960年代には石油へのエネルギー供給源の移行による閉山を強いられた。今日の途上国でも援助国の政策転換に翻弄される事例は散見されるが、その最初の例として日本の石炭産業の経験を振り返ることができる。

　日本で、燃える石「石炭」が発見されたのは1400年代後半であると伝えられる。石炭は、明治維新に始まる日本の近代化においては動力源としてさまざまな産業を支え、戦後は主要な国産資源として経済復興に貢献した。「黒いダイヤ」という別称は、石炭がいかに貴重だったかを示している。しかし、1960年代に入ると一転、国内の炭鉱は次々と閉山を迎え、日常生活で石炭を目にする機会はほとんどなくなった。2011（平成23）年時点で日本には3.5億トンの埋蔵量があると言われ[注1]、十数年～数十年自給することができるという試算もある。今日でも一次エネルギー国内供給に占める石炭の割合は22.7％だが[注2]、その多くは輸入炭である[注3]。石炭は、開発政策の変転の中で切り捨てられた国内資源の一つになった（佐藤 2011）。

　なぜ、石炭は切り捨てられることになったのか。その理由は「開発政策との不整合」にあるのではないか。これを仮説として、既に多くの蓄積がある旧産炭地研究を「日本の開発経験」として、開発社会学の視点から見直してみたい。

2.　開発社会学の視点

2.1.　「開発と発展」「開発と経済成長」

　「開発」と「発展」は、ともに英語の development の日本語訳であるが、前者を他動詞として、後者を自動詞として扱うことができる。開発社会学において「開発」とは、「他者の介入、あるいは、他者の趨勢に影響を受けての意図的社会変化」とみなすことができる。これに対して「発展」とは、他者からの影響が少ない当事者の自律的な意図的社会変化を指す（佐藤 2005; 鶴見 1996）。

　では、「開発」「発展」はそれぞれどのような変化を意図するものなのだろうか。本書のカバーする、第二次世界大戦後から1970年代の高度成長期に至る間の、世界の開発理論を概観しておこう。

　最初に、「開発途上国 (a developing country)」「低開発」という概念がいつ登場したのかを確認しておこう。周知のとおり1949（昭和24）年トルーマン大統領の就任演説で、着手すべき課題の 4 番目（ポイント・フォア）に「低開発地域 (underdeveloped area) の開発）」という言葉が最初に使われたのである[注4]。低開発をはかる指標は、GDP に代表される経済指標であった。GDP（国内総生産）とは、その国に住む人が 1 年のうちに生産したすべての財の貨幣換算した際の価値を指し、今日においても開発・発展の重要な指標の一つである。1970年代に「人間的社会的側面を重視する開発概念・開発手法の総称」である「社会開発」概念が登場するまで、開発理論は GDP に代表される経済成長を巡る理論に終始していたのである。

　日本の社会学においても、1990年代に「開発社会学」の論者が登場するまでは、開発問題を社会学者が正面から論じることはほとんどなかったのである。

2.2.　近代化理論

　社会学が開発問題を扱い始める契機は近代化理論であった。近代化理論とは、経済、政治、社会、文化、心理などの人間生活の諸側面における近代化および、その達成可能条件を論じた一連の研究で1950 〜 60年代に一世を風靡した。近代化理論の特徴としては、（1）近代化を評価するにあたり、科学技術、合理的・効率的な西洋的価値を重視している点、（2）社会は未開から文明を持

つ社会へと段階的に進化するという社会進化論的枠組みを有している点等が指摘されている（菊地 2001）。

　近代化理論の中でもよく知られているのは、ケネディ大統領の経済顧問を務め『経済成長の諸段階』を記した W. W. ロストウの「発展の 5 段階モデル」であろう。ロストウは近代の特徴は持続的な経済成長にあるとし、経済成長を（1）伝統社会、（2）離陸の先行段階、（3）離陸段階、（4）成熟段階、（5）高度大衆消費社会の 5 段階に分け、すべての近代国家がこの段階を進むとした。

　この発想に依拠すれば、経済成長を進めるためには、次の段階に進むための条件整備に投資すること、自力でそれができない場合には外部から援助することが、重要となる。低次の経済資本、人的資本による「貧困の悪循環」に陥っている途上国が、これを脱し高次の経済レベルへの離陸を果たすには、貿易や社会基盤（インフラ）整備などへの「大きなひと押し（プッシュ）」が必要であるというわけである。こうしてローゼンシュタイン - ロダン（1943）（P. N . Rosenstein-Rodan）によって提唱された経済開発モデルは、「ビッグ・プッシュ・モデル[注5]」と呼ばれる。

　本章が扱う 1945（昭和20）〜 1962（昭和37）年は、途上国と先進国が経済的基準によって分類され、途上国が先進国に追いつくには西洋出自の近代化理論の枠組みにそった改革が必要だという理論が主流だった時代なのである。この段階では、経済学が主要な理論であり開発研究において開発社会学がまだ大きな役割を担っていなかった。

3.　石炭政策を開発プロセスとして見る

3.1.　開発プロジェクト

　本章では、石炭政策を開発プロセスとして位置づける。開発プロセスとは、開発プロジェクトの連鎖である。そしてプロジェクトとは、一般的にある限られた期間内に複数の業務の集合によって一つの目標を達成することを指す。冒頭でも述べたように開発は、「他者の介入、あるいは、他者の趨勢に影響を受けての社会の変容」を指すものなので、開発プロジェクトとは、途上国に資源を供与し介入する側（援助ドナー）が一定期間内で複数の業務に人員や資金を割

り当て、目標を達成することと定義できよう。

　こうした視点に立つと、戦後の石炭産業をめぐる政策は（1）GHQ による石炭開発プロジェクト期、（2）GHQ の援助から卒業し世界銀行の融資を模索していた石炭産業再生期の大きく二つに区分することができる。

3.2.　援助ドナーとしての GHQ

　1945（昭和20）年から 7 年間にわたり日本を占領下においたアメリカは、有形（人員、資金）・無形（技術等）の資源を供与したという点で今日の開発ドナーと同様の機能を果たしていた。日本が受けた初めての開発資金援助であるガリオア（占領地域救済政府基金 : Government Appropriation for Relief in Occupied Area Fund）、エロア（占領地域経済復興基金 : Economic Rehabilitation in Occupied Area Fund）基金の総額は、1946（昭和21）年から51（昭和26）年の約 6 年間にわたり約18億ドルで「現在の価値に換算すれば、約12兆円となる膨大な援助」であったと言われる。この援助がなければ日本の復興は考えられなかった[注6]。

　ガリオア援助では、飢餓や疾病の拡大を阻止するための食料・燃料・肥料・医薬品など生活必需品が供給された。一方、1949（昭和24）会計年度から設定されたアメリカ陸軍省予算によるエロア基金に基づく援助では、占領地の経済復興を目的に、石油、綿花、肥料などの工業原料と機械類などの資本財が供給された（滝田 2015 : 324-325）。

　石炭産業との関連では、1949（昭和24）年に至って、エロア基金の一部は炭鉱機械の輸入にも利用された（木下 1957 : 106）[注7]。アメリカ製炭鉱機械を運用するステイトマイン（国指定炭鉱）には、三井三池、三井田川、三井美唄、三菱城戸、三菱美唄、北炭夕張、井華赤平、太平洋、国鉄志免が選定された（清水・石川・青木 2017 : 222）。

　こうした援助の経路としては、1945（昭和20）年10月 2 日に GHQ/SCAP の発足とともに設置された[注8]天然資源局（NRS）が窓口となり、今日の開発援助の文脈でいうカウンターパートには、日本の石炭庁が相当した【図 2-1】。

3.3.　援助ドナーとしての世界銀行

　1952（昭和27）年 4 月に GHQ の占領を脱した日本にとって、重要な援助ド

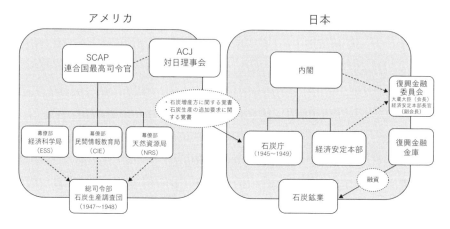

図2-1 石炭に関わる日米の諸機関

出所：竹前栄治『GHQ』岩波新書、国立国会図書館『日本国憲法の誕生 概説 第3章 GHQ草案と日本政府の対応 GHQ/SCAP組織図』、張（1994）を参照して筆者作成

　ナーとして登場したのが世界銀行である。世界銀行は、国際復興開発銀行（IBRD）と国際開発協会（IDA）、および、これらの姉妹機関をあわせた国際機関で、貧困削減や開発支援を目的とした融資等を行っている。日本は、独立数か月後の1952（昭和27）年8月に世界銀行に加盟を果たした。1953（昭和28）年から1966（昭和41）年にかけて31のプロジェクトに対し、総額およそ8億6300万ドルの融資を受けた【表2-1】。

　日本が世界銀行加盟を果たした2か月後の1952（昭和27）年10月に視察に訪れた世界銀行のガーナー副総裁はニューヨーク外交協会非公開会合の席上で「日本は長期にわたり援助を必要とするが、もしその援助があまりに容易に与えられると、日本は援助なしにやって行ける態勢をととのえる努力をしなくなるということを忘れてはいけない」と発言している（稲葉・経済問題調査会 1955：40）。当時、日本は長期の援助を必要とする途上国と認識され、同時に「援助漬けによる甘やかし（スポイル）」の懸念を抱かれていた点が印象的である。

表2-1　日本が世界銀行から貸出を受けたプロジェクト一覧

	1952/8/13	日本　国際復興開発銀行 (IBRD) に加盟	
	調印式	受益企業	対象事業
1	1953/10/15	関西電力	関西電力 多奈川火力発電
2	1953/10/15	九州電力	九州電力 苅田火力発電
3	1953/10/15	中部電力	中部電力 四日市火力発電
4	1955/10/25	八幡製鉄	八幡製鉄 厚板圧延設備
5	1956/2/21	日本鋼管	日本鋼管 継ぎ目なし中継管製造整備
		トヨタ自動車	トヨタ自動車 挙母工場
		石川島重工	石川島重工 東京工場
		三菱造船	三菱造船 長崎造船所
6	1956/12/19	川崎製鉄	川崎製鉄 千葉工場
7	1956/12/19	農地開発機械公団	上北根川地区開墾事業根釧機械開墾地区建設事業／篠津泥炭地開発事業
8	1957/8/9	愛知用水公団	愛知用水公団 愛知用水事業
9	1958/1/29	川崎製鉄 (2次)	川崎製鉄 千葉工場
10	1958/6/13	関西電力 (2次)	関西電力 黒部第四水力発電
11	1958/6/27	北陸電力	北陸電力 有峰水力発電
12	1958/7/11	住友金属	住友金属 和歌山工場
13	1958/8/18	神戸製鋼	神戸製鋼 灘浜工場
14	1958/9/10	中部電力 (2次)	中部電力 畑薙第一・第二水力発電
15	1958/9/10	日本鋼管 (2次)	日本鋼管 水江工場
16	1959/2/17	電源開発	電源開発 御母衣発電所
17	1959/11/12	富士製鉄	富士製鉄 広畑工場
18	1959/11/12	八幡製鉄 (2次)	八幡製鉄 戸畑工場
19	1960/3/17	日本道路公団	日本道路公団 高速道路 (尼崎−栗東間)
20	1960/12/20	川崎製鉄 (3次)	川崎製鉄 千葉工場
21	1960/12/20	住友金属 (2次)	住友金属 和歌山工場
22	1961/3/16	九州電力 (2次)	九州電力 新小倉火力発電
23	1961/5/2	日本国有鉄道	日本国有鉄道 東海道新幹線
24	1961/11/29	日本道路公団 (2次)	日本道路公団 高速道路 (一宮−栗東、尼崎−西宮間)
25	1963/9/27	日本道路公団 (3次)	日本道路公団 東名高速道路 (東京−静岡間)
26	1964/4/22	日本道路公団 (4次)	日本道路公団 東名高速道路 (豊川−小牧間)
27	1964/12/23	首都高速道路公団	首都高速道路公団 高速道路 (羽田−横浜間)
28	1965/1/13	電源開発	電源開発 九頭竜川水系長野および湯上発電
29	1965/5/26	日本道路公団 (5次)	日本道路公団 東名高速道路 (静岡−豊川間)
30	1965/9/10	阪神高速道路公団	阪神高速道路公団 神戸市高速道路1号
31	1966/7/29	日本道路公団 (6次)	日本道路公団 東名高速道路 (東京−静岡間)

出所：世界銀行「日本が世界銀行から貸出しを受けた31のプロジェクト」参照

4.　GHQによる石炭開発政策

4.1.　最優先の開発課題としての石炭増産

（1）ビッグ・プッシュとしての傾斜生産方式（1946～1948年）

　戦後から1960年代にかけては、世界的にも途上国が先進国に追いつくための政策に着手する「開発の時代」であり、日本も多くの途上国同様、GHQの占領下で「近代化」を目指していた。敗戦直後の1946（昭和21）年の日本の実質GNPは、敗戦直前の1944（昭和19）年の56％に縮小した（岡崎 2009b: 15）。こうした状況下でGHQは「経済と国民の生活の安定」という開発目標を設定し、石炭は経済の動力源として生産力を増強することが急がれたのであった。

　1945（昭和20）年当時石炭出炭量は2200万トンまで低下し石炭飢饉が叫ばれていた。生産性拡大のために石炭増産を重視していたGHQ最高司令官マッカーサーは、国外にいる日本人鉱員経験者を優先的に帰国させるよう世界各地の米軍に指示を出す一方、食糧難の国内では鉱山労働者に米を優先的に配給した。1946（昭和21）年春頃より労使協調の救国石炭増産運動、祖国復興石炭増産運動が展開された結果、同年8月の出炭高は目標を上回ったが、第一次大戦前の水準に過ぎなかった。石炭生産の停滞が経済復興を遅延させていることを焦慮したGHQ天然資源局燃料部のベッカーは、1946（昭和21）年5月23日に石炭産業の従業員、経営者、政府にそれぞれ警告を発した（永末 1973: 190; 張 1994: 12）。これを受け、1946（昭和21）年6月7日に政府は、出炭停滞打開策として石炭非常時対策を閣議決定し、生産管理に対する政府の方針決定、経営協議会の設置、労働争議調停方法の確立など労働争議に対する政府のとるべき方針を至急決定するとともに炭鉱労務者の食糧、賃金、炭価、炭鉱金融、貯炭の払出などについて、思い切った施策を講じて石炭の増産を図ることとした[注9]。しかしながら、労働力や資材不足の他、インフレによる石炭価格の上昇が見込まれるため、鉱山経営者は低価格での出炭を渋り、出炭量は思うように増えなかった。これに業を煮やしたマッカーサーが1946（昭和21）年9月4日に「炭鉱所有並に補助金支出の方法に関するメモランダム」を提出し、対日理事会に炭鉱国有化の検討を提案した[注10]。これを受け、東大教授有沢広巳が吉田茂首相に進言したのが傾斜生産方式だった（朝日新聞西部本社 1970: 360-361）。「傾斜生産方式」では、国内

の資材を石炭増産に集中させることで、「鉄鋼増産→石炭増産→鉄鋼増産→石炭増産」のサイクルを繰り返し、主要産業の生産能力を向上させ、最終的に経済回復を図ることが企図された。傾斜生産方式は、1946（昭和21）年12月24日に閣議決定され、1947（昭和22）年1月には、復興金融公庫が設立され、石炭鉱業への優先的な融資が行われるようになった。

　傾斜生産方式は、アメリカの指示に基づき、経済開発「ビッグ・プッシュ・モデル」を実践するための開発プロジェクトであったと言ってもよいだろう。

（2）労働力確保のための支援

　GHQは、石炭増産のための重要事項として労働力確保を掲げ、積極的に支援した[注11]。

　戦前の石炭産業は、植民地からの労働者や捕虜によって支えられていた[注12]。例えば、全九州の炭鉱労働者29万人のうち外国人労働者が32.7％を占めていた。しかし敗戦とともに植民地労働者や捕虜が引き揚げたことによって坑内夫は一挙に減少した（戸木田 1989: 99）。そこで、政府は、1945（昭和20）年11月に炭鉱経験者、軍用工場の離職者、復員者、戦災および引揚者等を「徴用に近い」かたちで吸収するとともに、これを裏打ちする意味で食糧の増配、生活必須物資の報償制、炭鉱住宅（炭住）の建設など一連の優遇政策を実施した[注13]。1948（昭和23）年末の復興金融金庫の貸出残高の内訳を見ると、設備資金272億500万円のうち約半分に当たる130億4800万円が労務者住宅建設資金であったというから、労働者確保に躍起になっていたことがわかる（日本開発銀行 1963: 473; 岡崎 2009b: 57）。

　GHQも1947（昭和22）年7月以降、輸入食糧を放出し炭鉱労働者確保を後押しした[注14]。結果的に、1945（昭和20）年11月には21万人に減少していた炭鉱労働者も、6か月後には30万人を超え、1948（昭和23）年までに戦前のピーク時の45万人に回復した（木下 1957: 80）。外部者の介入による特定産業支援の典型例と言えよう。

（3）生産能率改善のための技術移転

　GHQは生産能力改善のための技術移転にも介入した。GHQの経済科学局、

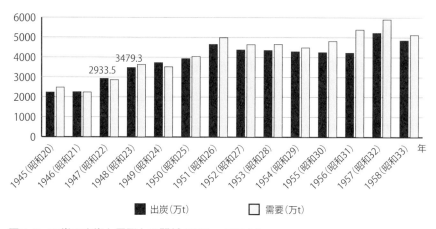

図2-2 石炭の出炭と需要との関係（1945～1958年）
出所：徳本・依田（1963）「Ⅰ石炭鉱業の諸指標」より筆者作成

資源調査局、民間情報教育局の専門委員は、生産能率の向上を推進するために総合指令部石炭生産調査団を結成、日本側も経済安定本部、石炭庁、労働省のメンバーが「石炭増産特別調査団」を結成し生産地を督励して回った（永末1973：192）。GHQの特別列車「ブラックダイヤモンド号」が運行され、全国の炭鉱を回り増産を促した。特別調査団は、第一次（1947（昭和22）年11月～12月）、第二次（1948（昭和23）年1～2月）、第三次（1948（昭和23）年6月～7月）の3回にわたって派遣された。1948（昭和23）年8月からは北海道、常磐、宇部、九州の4地区に半年間常駐をするほどの熱の入れようだった（清水・石川・青木2017：220）。

（4）石炭増産に向けたGHQのテコ入れ

　傾斜生産方式により、多くの資金が石炭産業に投入されたが、「1947年度に3000万トンの石炭生産を達成し、経済復興を軌道にのせる」という目標には到達しなかった。出炭量は伸び悩み、急速にインフレが進行する中で石炭の公定価格の引き上げが行われなかったこともあり、結果的に1947（昭和22）年2月から3月に石炭産業に対し行われた融資の多くが赤字になった[注15]。

　この推移を見守っていたGHQは、詰問的なマッカーサー書簡を政府に手交し炭価を引き上げることなく増産するための具体策として、24時間作業体制、

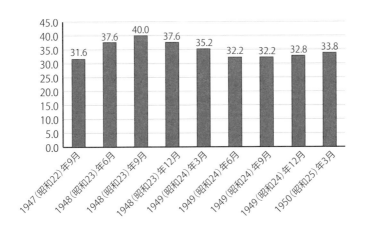

図 2-3　復興金融金庫の融資総額に占める石炭産業への融資の割合（%）
出所：松岡（1954）第 60 表より筆者作成

住宅・食糧の確保・新鉱開発を指示した（永末 1973: 191-192）。政府は指令にこ
たえるかたちで 1947（昭和 22）年 10 月 3 日に、炭鉱経営の徹底的改善および生
産能率の向上による生産の増大、坑内設備および労働力の充実、労働規律の確
立と 24 時間制の完全実施の推進、労働組合の健全化、労使紛争の早期解決な
どを主眼とする「**石炭非常増産対策要綱**」を決定した。これは「所期の成果を
上げえない場合においては、必要な法的措置を講じ、故意の妨害に対しては断
固たる方針を以て臨む」という強硬的な措置であった。1947（昭和 22）年 12 月
20 日には経済復興の安定まで政府が石炭鉱業を管理するという 3 年間の時限
立法「**臨時石炭鉱業管理法**」（法律 219 号 1947）が公布された。
　こうした GHQ の強権的な介入の甲斐もあって、石炭の生産規模は 1947（昭
和 22）年の 2930 万トンから、1948（昭和 23）年の 3480 万トンに回復し（徳本・依
田 1963）、GHQ は「この成果は日本の国民的誇りに値する」と称賛した（永末
1973: 192）。
　ビッグ・プッシュ・モデルは一定の成果を上げたと言える一方、国民的誇り
の陰で、一部の経営者には借金や赤字という、労働者にとっては実質賃金の低
下という、後の石炭産業の自壊につながるしわ寄せがあったこと（永末 1973:
192）は第 5 章で触れる。

4.2.　国家による統制から市場原理の導入へ（1948年）

（1）ドッジ・ラインによる石炭統制の廃止

　傾斜生産方式の導入により、石炭の生産も回復し"プロジェクト目標"において一定の成果を上げたかのように見えた。しかし、すぐに意図せざる副作用に見舞われた。傾斜生産方式下での復興金融金庫の資金投入は、復金債発行を原因としたハイパー・インフレを誘発した。日本を反共の砦にするために日本経済の自立を急いでいたGHQにとってそれは忌々しき事態であった[注16]。

　アメリカは1948（昭和23）年12月マッカーサーを通じて日本政府に日本経済安定のために経済9原則（財政の均衡、徴税の促進、融資制限、賃金の安定、物価統制、貿易・為替の管理、輸出振興、生産増強、食糧供出の促進）を指令した。そして、1949（昭和24）年3月にアメリカの銀行家で占領軍顧問であるジョセフ・ドッジの指導のもと、国際競争に耐えるだけの経済的自立、自由経済への復帰を求めるドッジ・ラインとして9原則を具体化させ、全産業に対し合理化を促した（岡崎 2009a：69）[注17]。これは終章でもふれているように1940年代の「構造調整政策」であった。

　これに呼応して1949（昭和24）年3月にGHQが公布した「石炭鉱業の安定化に関する覚書」に基づき、石炭に対する補助金が漸次撤廃されていく。同年9月に配炭公団が解散され、1950（昭和25）年5月に臨時石炭鉱業管理法が廃止され（国管廃止）、同年7月に石炭配給割当制が廃止され、販売が自由化された（永末 1973：198）。

　政府の統制下で石炭に積極的に投資し増産を促す手法は見直され、石炭政策の争点は高炭価の解消にうつった。石炭鉱業の合理化の立ち遅れが高単価の背景にあると見る産業界からは、合理化を求める声が高まっていった（日高 2009：201）。石炭産業は、ドナーとしてのGHQの方針変更によって突然後ろ盾を失ってしまったのである。

（2）強いられた近代化：自由市場経済の洗礼

　ドッジ・ラインにより統制経済からの脱却を求められた石炭産業は、前近代的な産業構造の変革、イノベーションの採用を余儀なくされることになった。「戦前は技術革新を行い採炭の効率をあげるという努力がなされないまま労賃

を安く抑えることで資本制的大炭鉱を維持し」[注18]、戦後は「国家の管理下にお
かれ国策産業として常に国策に順応し手厚い保護を受け、石炭産業の経営体と
しての自主的性格は著しく稀薄」[注19]だった石炭産業は、合理化の推進と自由市
場の原理の適用という近代化の洗礼を受ける。このように国内の利害関係を超
越したドラスティックな政策転換は、圧倒的な力を持つ外部ドナーの存在が
あってはじめて可能であった。

　生産過程における合理化について、労働力投入を基軸とした増産対策、新坑
開発、切羽の能率的延長、設備改善、機械化の促進、保安の充実、資金の重点
的投入など生産体制の全面的な整備強化の取り組みがなされていた。しかし、
日本の炭鉱では「深度・炭層傾斜・断層・ガスなどを克服せねばならない」自然
条件があり、海外から輸入された機械の能力が存分に発揮されることは稀だっ
た。加えて、復興金融金庫の資金投入は、非効率な企業の存続助長、企業の効
率性向上に対するインセンティブ喪失やモラルハザードを引き起こしていた[注20]。
当時、「政府内部でも炭鉱経営者が長年の国家統制に慣れ、放漫経営に陥って
いる」、「非能率と経営の無能に蝕まれている」という見解が支配的になってい
た（永末 1973: 198）。石炭産業への復金融資は、炭鉱会社の炭代収入とほぼ同額
に達した一方で、赤字が損失補償という名目で帳消しされ「実質的には贈与と
なり終わった」（木下 1957: 86）。資材についても石炭産業に重点的に振り分け
られたが、「資本が増産に熱意を示さなかったことと相俟って横流し流用などに
よる寄生的利潤の追求の手段となり」状況の打開にはつながらなかった（同：
87）。まさに、「援助漬けによる甘やかし（スポイル）」とそれによる腐敗が石炭
産業を覆っていた。

5.　独立後の日本の石炭開発

5.1.　世界銀行への加盟（1948 〜 1952 年）

　日本は、1951（昭和26）年 9 月 7 日に締結、翌52（昭和27）年 4 月 28 日発効の日
米講和条約により、GHQ による占領が解かれ主権を回復した。経済面では、
1950年代はじめに日本経済はマクロな意味での戦後復興を終えていたものの、
「米国への依存から脱却し自立する」という最大の課題を抱えていた。1950（昭和

25) 年に日本の経常収支は GNP 比 4.3％の大幅な黒字になっていたが、それは GNP 比 3.9％、4.3％に達するアメリカの対日援助と朝鮮特需があってのことだった。それらを別にすると、日本の経常収支は大幅な赤字だった（岡崎 2009：70）。

　主権を回復した日本は、経済自立を独力で進めるのか、他からの資金提供を頼って実施するのかの選択を迫られた。日本政府の選択は、他の援助を受けることだった。占領地援助に代わる独立後の開発資金調達源として、日本は 1950（昭和25）年から世界銀行（国際復興開発銀行）に接触を開始していた（浅井 2014：11）。

5.2.　世界銀行融資による石炭産業の再建模索

　1952（昭和27）年 8 月に世界銀行に加盟を果たした日本は、融資のための世銀調査団の来訪を要望し、1953（昭和28）年に世銀のドール調査団を迎えることになった。融資の優先順位を絞るよう助言されていた日本は、優先項目に石炭を入れていなかったものの、石炭融資の交渉を諦めてはいなかった。

　1953（昭和28）年11月16日に大蔵、通産、日銀、開発銀行は、ドール調査団と石炭産業について懇談、11月20日の会合には大蔵、通産、日銀、開発銀行の他に石炭協会から大手の三菱、明治、住友、北炭の関係者が参加した。調査団は、石炭産業の一般的構造、近代化に際しての困難、高炭価の要因について聞き取りを行い、日本側は高炭価問題の解決策として、大手炭鉱の竪坑開発を挙げ、その融資を求めた（稲葉・経済問題調査会 1955：191-198；浅井 2014：38）。

　日本側の要望に対し、世銀の反応は悪くはなかった。『1953年調査団報告 (Japan-Report of 1953 Mission)』では、「高炭価は日本の産業全体に悪影響を与えている。設備・技術の近代化による改善の余地がある。国内資源の最大限利用という観点から石炭産業の改善には高い優先度が与えられるべきである」とされた（浅井 2014：42）。そして、「日本政府が計画している竪坑開さく等の手段を講じれば、25％のコスト削減は可能だ」と提案した（浅井 2017：52）。これを受け、1954（昭和29）年 7 月に通産省は、世銀に対して、「竪坑開さく 5 カ年計画」に要する資金のうち輸入機械代金の借款計画を提出した。1955（昭和30）年に世界銀行は、借款の検討に必要な石炭鉱業調査団派遣を決め、その費用の一部負担も決めた。1957（昭和32）年に日本生産性本部は、調査の委託先としてフランス鉱

山試験協会（通称ソフレミン）を選定し、世界銀行との融資交渉を前進させた。

　1957（昭和32）年4月、7月〜10月にソフレミン調査団が来日し、① 今後20年間の国内エネルギー需要と国内炭鉱の供給可能量、② 今後20年間の工業原料としての石炭必要量と国内炭鉱の供給可能量、③ 低コストでの採炭可能量、④ 採炭・選炭等の技術的改善によるコスト削減の限度、⑤ コスト削減に必要な投資規模と投資資金額、⑥ 石炭の販売価格の引き下げの可能性についての調査が3か月間にわたり実施された（浅井 2017: 56）。1958（昭和33）年4月に公表された調査報告書は、石炭を「国民資源」と位置づけ、「十分な量と増産が可能。生産性向上が見込まれる」「出炭目標の達成のための低利融資、景気変動に対する価格維持に係る政府の積極的な介入の必要」と日本側に好意的に評価した（浅井 2017: 62-64）。日本の石炭産業は、外部ドナーの評価を利用して国策的補助政策の復活を狙っていたと考えられる。

　しかし、世銀側は、日本側が主張する斜坑を竪坑化するだけではなく、経営や労使関係、現場の管理も含め総合的な改善がなければ高単価問題は解決できないと考えた。労使関係については、1946（昭和21）年に開始された統一賃金闘争、1952（昭和27）年の標準作業量の引き上げをめぐる63日間の長期闘争、1953（昭和28）年の人員整理をめぐる113日間の三井鉱山の長期闘争、1954（昭和29）〜1960（昭和35）年頃にかけて幅広く行われた職場闘争[注21]といったさまざまな闘争が炭鉱労働組合によって繰り広げられていた（島西 2005: 54）。この労働運動の激化は、ある意味では終戦直後の「民主化政策の置き土産」でもあった。これに抜本的に取り組もうとしない石炭産業に対して、「労使関係は敵対的・封建的で大手（炭鉱会社）は労使交渉に臆病になっている」とする『ソフレミン報告書』の指摘は、外部ドナーによる「ガバナンス」の不備に対する警告だったのだが、石炭産業界が積極的な改善を行うことはなかった。

5.3.　石炭不況から逆転の石炭需要増へ（1959〜62年）

　世界銀行が一部負担するかたちで炭鉱調査団を招聘し、「国民資源」として肯定的な評価を得ながらも石炭産業への融資は結局実現しなかった。実は、世銀との交渉が進められる一方で、国内では石炭産業をめぐる情勢が目まぐるしく変化していたのだ。

　1949（昭和24）年のドッジ・ラインにより国家の統制を外れ、市場原理の中で合理化を求められた石炭産業は、石炭不況に陥ったが、朝鮮戦争特需（1950－51）による減産から増産によって一時的に不況を脱することができた。しかしながら、朝鮮戦争特需が終わると瞬く間に石炭不況（1952－54）に再度直面するなど浮沈を繰り返していた。

　1955（昭和30）年5月には、各産業から高炭価解決のための石炭鉱業の合理化を推進しエネルギー制約の解決を求める声が高まり、「極力国内エネルギー資源の有効利用を推進し、国内エネルギーによることが不適当な用途については輸入エネルギーの供給を確保する」というエネルギーの総合的方針が閣議了解された。そして、同年8月「石炭鉱業合理化臨時措置法」が制定され、立坑開発を中心とする合理化工事の促進と石炭鉱業整備事業団による非能率炭鉱の買い上げ・整理というスクラップ・アンド・ビルド政策が実施されることになった。

　しかし、時の悪戯か、1956（昭和31）年11月の第二次中東戦争によるスエズ運河通行停止により石油供給が停滞した。1957（昭和32）年には、一時的な好景気と渇水による発電資源の枯渇により、電力源としての石炭需要が高まり、合理化と逆行するかたちで、大手炭鉱で労働者が1300人、中小で5600人が増員された[注22]。石炭業界への追い風が吹き、政府は1958（昭和33）年4月に臨時石炭鉱業合理化臨時措置法の改正に踏み切り、増産体制へと逆戻りした（日高2009：204-205）。石炭業界への一時的な追い風の中で世界銀行の融資は重要事項ではなくなり、『ソフレミン報告書』が顧みられることはなかった。

5.4. 国外情勢の影響：エネルギー革命
（1）エネルギー革命への序章

　石炭業界の喜びも束の間、中東、ソ連、カナダ、ベネズエラ、欧州の各地で油田が開発されたこと、大口パイプラインやスーパータンカーの開発による大量輸出手段の改善、製油所の自動化、製油化学の発展による生産費の削減[注23]や1957（昭和32）年のスエズ動乱終結、石油メジャーによる安価で安定的な石油の国際供給体制の構築により、石油の欠点が大幅に改善された。安定的な石油供給や安価な海外炭により、国内炭の競争力は低下した。

　いっこうに解決しない国内高炭価問題を背景に、石炭を生産源としていた他

の産業は、海外炭の確保へと動いていた。鉄鋼業界は、製鉄用炭調査団をオーストラリアやアラスカに派遣し、有望であることを確認している[注24]。1959（昭和34）年にはいると、海外の安い燃料確保に舵を切るように促す論調が見られるようになった。「うちに困難な労働問題を抱え、外には燃料革命が急テンポに進行している石炭業者の企業意欲が喪失するのも当然である。自然的条件にめぐまれた米国の炭鉱以外では石炭問題を価格的に解決することは不可能であろう。［中略］時は石炭に有利に決して作用しない。時期を失すれば解決は困難となろう」と世論も脱石炭に傾いた（「抜本的対策の要　世界の石炭危機」朝日新聞1959年10月11日）。重油や天然ガスの進出により電力・化学・紙・パルプ・窯業、金属機械、運輸などの諸産業では、石炭から他のエネルギー利用へと再編され、国内での需要は減少した[注25]。

　石炭大手各社でも、石炭から他の業種へと乗り換える動きが見られるようになった。当時の記事には「燃料革命を乗り切る対策の一つとして、需要の伸びが大きい重油の販売に手を出しているが、某有力者は、重油の販売がさらに一歩前進して、石炭会社が共同して石油精製に乗り出すべきだという構想をもち、三池論争が片付いたのち、業界の問題として話し合いたいとしている」という談話が掲載されている[注26]。石炭業界の「体質改善」の一環で、製塩、セメント、土地、観光などに加え、プロパンガスや石油の販売に手を出す石炭会社も増加していた[注27]。

（2）「油主炭従」政策への転換

　遂に、1962（昭和37）年に原油輸入が自由化され、エネルギー供給は「炭主油従」から「油主炭従」に転換された。日本政府は、構造的不況に陥った石炭産業の合理化を推進する一方、石油精製能力、石油生産計画等を政府の監督下に置き、石油産業の健全な発展を図ることとした。こうして、石炭産業は国家の開発政策から切り捨てられていくのである。

　「炭主油従」から「油主炭従」への転換については、「1960年（昭和35年）は安保条約再改定の時期であり、この時期を中心にエネルギー転換を日本に迫り、石炭から石油への転換を強行した。（中略）メジャーによる日本エネルギー市場の掌握によって石炭から石油への転換を迫ったものであった」（新藤 1985：251-

252）という批判的な考察がある。当初、自由貿易体制への懸念や大量のエネルギー輸入を賄うための外貨制約への懸念があったこと、国内の資源開発に雇用吸収先としての期待を寄せていたこと（小堀 2010: 8）を鑑みると、この指摘をにわかに否定しがたい。他方で、石油の比較優位の高まりにより世界規模でエネルギー革命が生じていたことを勘案すると、外的要因により変革を迫られたという点も否定できない。実は、「石炭危機」は日本に限った話ではなかった。1959（昭和34）年当時、ソ連やイギリス、ベルギーでも石炭産業の存続をめぐる労働者による闘争が起きていた[注28]。エネルギー革命は、まさに世界規模の構造転換だったのである。

　仮に世界銀行からの融資が実現したとしても、エネルギー革命の進展、資本主義的世界市場の形成、今日「マクドナルド化」と呼ばれる効率主義・合理主義の浸透が見られた当時の状況を鑑みれば、日本の自然条件による石炭採掘のハンディを覆し採算を担保するほどの技術革新は見込めず、遅かれ早かれ、石炭からの幕引きを図っていたことが推測できる。

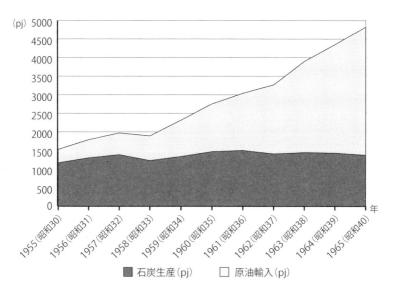

図2-4　石炭生産と原油輸入量の関係
出所：1955～1965 年の資源エネルギー庁「エネルギーバランス表」より筆者作成

6.　石炭産業の盛衰に見る戦後 (1945 ～ 1962 年) の日本の開発経験とは

6.1.　GHQ による石炭開発プロジェクト期の開発経験

　石炭産業の盛衰は、どのような点で「開発経験」だったのか。この時期の日本は、GHQ の占領下で且つ圧倒的な資源の欠如を背景に、経済復興のための石炭増産という明確な目標が設定され、目標達成のために援助する国 (アメリカ)、される国 (日本) という明確な関係性のもと資金、人的資源が投入され政策が方向づけられるという点で開発を経験した。

　アメリカによる日本の国内政策への影響力の行使は、(1) 傾斜生産方式による産業保護政策から一転ドッジ・ラインによる合理化政策への転換や (2) 占領当初、日本に民主化を根付かせるために、労働運動の組織を許し福利厚生の改善に努めたが、後に、「反共」のための資本主義的経済成長を天秤にかけ、後者を優先させたことに表れている。アメリカ側の政策転換には、GHQ 内部でのニューディール政策を支持する派閥と自由主義を推進する派閥間での方針の転換が反映されているという点で、援助国の内部事情が被援助国に与える影響の強さを示す好例と言ってもよいだろう。

　また、もともと内部に前近代的な矛盾を抱えていた石炭産業が課題解決を先送りし、国際情勢に対応できずにその寿命を縮めた原因も、「スポイル」という「開発経験」に求めることができる。「スポイル」は、今日、開発援助の現場で指摘される開発される側による開発する側への依存と甘えの構図である。石炭産業は、戦後に体制の変更が迫られるまで、労働力搾取による資本蓄積、近代的な設備の代わりに労働力の搾取で賄う非効率的な採炭方式といった前近代的な要素を内包してきた。また、戦後すぐに国の管理下に置かれ、内部の改革を行わなかったことも、外部の変化に対応する基礎能力を欠いたことの一因である。

　日本が世界銀行への加盟を果たして間もない時期に、ガーナー副総裁が指摘した「援助があまりに容易に与えられると、援助なしにやって行ける態勢をととのえる努力をしなくなる」という懸念は、GHQ による増産の指示により 3 年間の時限立法による石炭産業の国有化という開発経験を経た石炭産業にそのまま当てはまってしまった。途上国であった日本が、他国に伝えることができ

る教訓の一つである。

6.2.　GHQ の援助卒業後の石炭開発の模索期の開発経験

　日本は、1952（昭和27）年に GHQ の援助から卒業したものの、アメリカから
の経済的な自立が課題となっていた。政治的にみれば、他者により影響力を行
使される占領状況から脱し、ゲームの主導権は日本に戻されたことになる。し
かしながら、目標達成のための資金面では多くの制約を抱えており、相手の出
方次第でこちらの意向が覆されるという点で、完全な脱却ではなかった。日本
が「名実ともに先進国」を自認するようになるのは1960年代後半である[注29]。有
形・無形の資源の欠如を背景にした非対称的な関係性の中で、「自立」のため
の資源を他者に依存しなければならず、外的要因の影響を受けやすい状況に
あったという点では、この時代の経験を「被援助」経験と言ってもよいだろう。
　石炭産業の「衰」の要因には、（1）時宜にかなった融資を世界銀行から得ら
れなかったことの他に、（2）石炭産業が長年内部に抱えてきた採炭過程の非効
率性、非合理性、労働問題の課題、自然条件のハンディがエネルギー供給をま
つ他の産業の要請に合致しなくなった点、（3）石炭産業の前提となるエネル
ギー構造自体が変化し、石炭の比較優位が低下した点が考えられる。他者に敷
かれたレールに乗せられながらも、途中で出鼻をくじかれるという経験に、
「抗しがたい外圧」を見ることができるのかもしれない。
　「石炭資源は国民資源であり、国がその繁栄を保護すべきである」という『ソ
フレミン報告書』に後押しされたにもかかわらず、世界銀行の借款によって自
らを建て直すことができなかった石炭産業が経験したのが、「世界的なエネル
ギー革命」や自由市場の原理に適応できず淘汰されるという経験である。これ
は、資源移転という直接的な介入は伴わないものの外的要因によって構造的に
変革を迫られたという「被開発」経験ということができよう。石炭から石油へ
と政策が転換されたことについて、石炭関係者からは「石油メジャーの暗躍」
「メジャーによる日本エネルギー市場の掌握による強いられた石炭から石油へ
の転換」等と囁かれたこともあるが、同時期に欧州の石炭産業も同じ憂き目に
あっていることから、影響力を行使する特定のアクターは想定されないものの
抗しがたい外部の力によって迫られた転換という点では、「被開発」経験に分

類されてもよいと考える。

7.　開発経験として通時的に石炭産業の盛衰を見ることの意味

　以上のように、1946（昭和21）〜 1962（昭和37）年の石炭産業の盛衰を「被援助」「被開発」の視点から捉えなおすことで得られた知見として、次の 2 点を挙げることができる。

　まず、終戦直後・占領期にあっても、「国家が相互に共同して行動したり、互いに経済的、文化的に影響をあたえあう[注30]」という国際化が進展していた点である。その中でも、特に、「有形・無形の資源の欠如を背景にした非対称的な関係性の中での相互行為によって生じた社会の変容」、「資源移転という直接的な介入は伴わないものの外的要因による構造的変革」といった他国ないし外的な構造的要因によって社会が翻弄されたことが示された。

　2点目として、エネルギー革命による石炭産業の衰退という全世界的な構造転換、つまり、他国も経験している同時代の変化だけでなく、傾斜生産方式による産業保護政策から一転ドッジ・ラインによる合理化政策への転換、に示されるような短期間に産業構造の転換がなされた日本の特殊性が示された点である。これを「圧縮された近代」の特徴と見ることもできる。

　以上の日本の開発経験から、「他者の趨勢に影響を受けての社会の変容」と「圧縮された近代」を、他の途上国と共有可能なものとして抽出することができる。

　戦後から高度成長期に至る時期においては、途上国と先進国が経済的基準によって分類され、途上国が先進国に追いつくには西洋出自の近代化理論の枠組みにそった改革が必要だという考えが主流であり、日本の石炭産業の復興もそうした枠を出るものではなかった。国家横断的に同時代の開発の文化・価値を見ることは、一国主義の姿勢を相対化し、開発学の新たな地平を拓くものになるだろう。国際開発を視野に入れてこなかった社会学の分野でも同様である。

　本稿が、私たちが無意識に共有している「発展／途上のモノサシ」を相対化し、自分たちの経験を途上国と共有可能なものとして捉えなおす契機になれば望外の喜びである。

［注］

1　世界に占める埋蔵量の割合は0.04％（一般財団法人石炭フロンティア機構「石炭は安定的に供給可能な資源」一般財団法人石炭フロンティア機構ホームページ（http://www.jcoal.or.jp/intern/cucoal/01/　2020年9月23日取得））。

2　経済産業省資源エネルギー庁（2018）『平成29年度エネルギーに関する年次報告』図表「第211-3-1一次エネルギー国内供給の推移」。

3　オーストラリアからの輸入が約7割を占める。

4　トルーマン大統領は「第4に、我々は自国の科学力や工業力を低開発地域（underdeveloped area）の発展に役立てるべく、大胆な新計画に着手せねばならない」と述べている。これについてグスタボ・エステバは、「1949年1月20日に始まった歴史的時代を、開発の時代と呼ぶことにしよう。この日、米大統領に就任したハリー・S・トルーマンは就任講演のなかではじめて、南半球を「低開発地域」と断言した。このレッテルが固定して北の傲慢な干渉主義と南の感傷的な自己憐憫に共通の基盤ができた」と批判的に検討している（エステバ 1996: 19）。

5　計画と統制に基づいて生産インフラの整備を行うことで民間部門の投資を促し、産業化を促進させ、経済を浮揚させるという考え方。

6　外務省「columnⅠ-9　日本の戦後復興」外務省ホームページ（https://www.mofa.go.jp/mofaj/gaiko/oda/shiryo/hakusyo/04_hakusho/ODA2004/html/column/cl01009.htm　2021年5月6日取得）および、外務省、「ODAちょっといい話第二話　戦後の灰燼からの脱却その1：ガリオア・エロア資金なかりせば」、外務省ホームページ（https://www.mofa.go.jp/mofaj/gaiko/oda/hanashi/story/1_2.html　2021年5月6日取得）。

7　木下（1957）によれば、1949（昭和24）年に至って、GHQがエロア基金の一部を利用して外国機会の輸入を行い、見返り資金がこれに充当され、大手資本がショートウォールカッター、ロッカーショーベル、ダッグビルシェーカーコンベヤー、シャトルカーなどの輸入を行ったという。24年には炭鉱機械輸入35万ドルの全額がアメリカからだったが、高度に機械化された柱房式採炭法の発達したアメリカのカッターやローダーは自然条件の差のため、太平洋炭鉱や三井美唄炭鉱などごく少数の炭鉱以外では採炭機械化として定着しなかったという。

8　国立国会図書館、「リサーチナビGHQ/SCAP Records, Natural Resources Section（NRS）」国立国会図書館ホームページ（https://rnavi.ndl.go.jp/kensei/entry/NRS.php　2020年9月23日取得）参照。

9　内閣制度百年史編纂委員会編（1985）『内閣制度百年史下』296頁参照。

10　アメリカは、石炭鉱業を日本経済の基礎をなすものとし、多額の補助金でまかなわれ、公共事業的性格をおびている実態に照らして、炭鉱国有化の検討を示唆した。これに対し政府は、細嶋商工大臣の談話で石炭増産国民運動の展開、補給金を撤廃し大口消費者への補助金制度に改める意向を発表するとともに、国有化に対し否定的な態度を示した。社会党は、経済安定本部は国営、国家管理の必要を唱えたが、議論は竜頭蛇尾に終わった（永末 1973: 193-194）。

11　天川晃編纂（1999）『GHQ日本占領史45石炭』参照。

12　炭鉱労働者は、戦前は「自由な賃労働者」というよりは、資本の蓄積を重視し、労働者の保護や権利が剥奪され十分な賃金が与えられない不自由賃労働者としての側面が強かった。例えば、高島、三池、幌内では囚人労働が用いられていた（木下 1957: 25）。戦時中の労働不足は、植民地労働力で補われ、恣意的な収奪が行われた（同: 60）。

13　1935（昭和10）年時点では九州の炭鉱労働者の中に1％にも満たなかった近畿、関東の出身者が

1948（昭和23）年になると5.1％、1.3％に達した（戸木田 1989: 100）。

14　天川晃編纂（1999）『GHQ日本占領史45石炭』参照。

15　「本来は石炭使用者が負担し、あるいは補助金の増額によって財政が負担すべき点を復興金融金庫の赤字融資が補って石炭産業を支えた」（岡崎 2009: 58）。

16　東西冷戦の開始に伴いアメリカの対日占領政策の重点は改革から経済復興に移った（岡崎 2009: 67）。

17　これにより、復金機能が停止した（国立公文書館アジア歴史資料センター、「アジ歴グロッサリー　復興金融委員会」、国立公文書館アジア歴史資料センターホームページ（https://www.jacar.go.jp/glossary/term1/0110-0010-0060-0030-0010.html　2020年9月23日取得））。

18　木下 1957: 60。

19　九州大学産炭地問題研究会 1964: 139。

20　国立公文書館アジア歴史資料センター、「アジ歴グロッサリー　復興金融委員会」（https://www.jacar.go.jp/glossary/term1/0110-0010-0060-0030-0010.html　2020年9月23日取得）および岡崎（2009: 64）参照。

21　職場闘争は1960（昭和35）年の三井三池闘争の敗北を経て終息へ向かった。三井鉱山は経営合理化のために希望退職を募ったが、希望退職者が、会社が予め系列の鉱山に割り当てた数に達しなかったため、3464人に退職を勧告し、それに従わない2700人を指名解雇した。労働組合の結成には、GHQが日本の民主化政策の一環として深く関わっていたが、組合活動の勢いに社会主義革命への危機を感じたGHQは労組に対する締め付けを強化するようになった（島西 2005）。

22　『朝日新聞』「石炭増産問題」1957年2月17日参照。

23　『朝日新聞』「抜本的対策の要　世界の石炭危機」1959年10月11日参照。

24　『朝日新聞』「豪、アラスカ有望　製鉄用炭調査団の帰国報告」1958年9月16日参照。

25　『朝日新聞』「進む燃料革命」1959年10月21日参照。

26　『朝日新聞』「共同で石油精製へ」1960年7月9日参照。

27　『朝日新聞』「石炭会社も副業時代へ」1960年5月13日参照。

28　『朝日新聞』「抜本的対策の要　世界の石炭危機」1959年10月11日参照。

29　経済企画庁『昭和43年年次経済報告　国際化のなかの日本経済』では、「日本経済は、いまでは米ソにつぐ規模に達しようとしていますが、国内的には労働力不足が進行し、また、国民の福祉向上に対する要請がつよまっており、他方、国際的には資本の自由化、ケネディ・ラウンドの妥決、特恵問題の登場、SDR創出の合意、など戦後世界経済史上での画期的でき事が進展しています。このような内外環境の変化は、日本経済のいっそうの効率化・近代化を要請しておりますが、わが国民がもつ英知と力を発揮するならばこれらの変化に十分適応し、名実ともに先進国となりうるものと確信いたします」と報告されている。

30　宮島他編（2015）参照。

参考文献

「アジ歴グロッサリー　復興金融委員会」https://www.jacar.go.jp/glossary/term1/0110-0010-0060-0030-0010.html（2020年9月23日取得）

天川晃編纂、宮崎正康・雑賀夫佐子訳（1999）『GHQ日本占領史　第45巻 石炭』日本図書センター

『朝日新聞』「石炭増産問題」1957年2月17日

──────「豪、アラスカ有望　製鉄用炭調査団の帰国報告」1958年9月16日

──────「抜本的対策の要　世界の石炭危機」1959年10月11日

──────「進む燃料革命」1959年10月21日

──────「石炭会社も副業時代へ」1960年5月13日

──────「共同で石油精製へ」1960年7月9日

──────「抜本的対策の要　世界の石炭危機」1959年10月11日

朝日新聞西部本社編(1970)『石炭史話：すみとひととのたたかい』謙光社

浅井良夫(2014)「世界銀行の対日政策の形成：1951〜56年(上)」成城大学経済学会『成城大學経濟研究』(204)、1-52頁

──────(2017)「世界銀行の対日政策の形成：1951〜56年(下)」成城大学経済学会『成城大學経濟研究』(216)、1-80頁

張英莉(1994)「日本の炭鉱国管に対する占領軍態度の概観」『一橋研究』19 (3)、1-16頁

「columnI-9　日本の戦後復興」https://www.mofa.go.jp/mofaj/gaiko/oda/shiryo/hakusyo/04_hakusho/ODA2004/html/column/cl01009.htm (2021年5月6日取得)

Esteva, Gustavo (1996). "Development " in Sachs, Wolgang, *The Development Dictionary; A guide to Knowledge as Power*〔三浦清隆他訳(1996)『脱「開発」の時代：現代社会を解読するキーワード』晶文社、18-41頁〕

稲葉秀三監修、経済問題調査会著(1955)『世界銀行の対日投資』黄土社

経済企画庁『昭和43年年次経済報告　国際化のなかの日本経済』

経済産業省資源エネルギー庁(2018)『平成29年度エネルギーに関する年次報告』

──────「総合エネルギー統計(エネルギーバランス表)」http://www.enecho.meti.go.jp/statistics/total_energy/results.html#headline2 (2021年5月6日取得)

菊地京子(2001)『開発学を学ぶ人のために』世界思想社

木下悦二(1957)『日本の石炭鑛業』日本評論新社

小堀聡(2010)『日本のエネルギー革命：資源小国の近現代』名古屋大学出版会

九州大学産炭地問題研究会(1964)『産炭地住民の生活実態調査報告書(1)』

松岡瑞雄(1954)『戦後九州における石炭産業の再編成と合理化』丸善

宮島喬・佐藤成基・小ヶ谷千穂編(2015)『国際社会学：現代社会へのトランスナショナルな接近』有斐閣

永末十四雄(1973)『筑豊：石炭の地域史』NHKブックス

内閣制度百年史編纂委員会編(1985)『内閣制度百年史下』

日本開発銀行(1963)『日本開発銀行10年史』日本開発銀行

「日本国憲法の誕生　概説　第3章GHQ草案と日本政府の対応」https://www.ndl.go.jp/constitution/gaisetsu/03gaisetsu.html (2023年2月22日取得)

岡崎哲二(2009a)「日本開発銀行の設立」宇沢弘文・武田晴人編『日本の政策金融Ⅰ高度経済と日本開発銀行』東京大学出版会、67-92頁

──────(2009b)「前史：復興金融金庫の役割」宇沢弘文・武田晴人編『日本の政策金融Ⅰ高度経済と日本開発銀行』東京大学出版会、15-65頁

「ODAちょっといい話第二話　戦後の灰燼からの脱却その1：ガリオア・エロア資金なかり

せ ば」https://www.mofa.go.jp/mofaj/gaiko/oda/hanashi/story/1_2.html（2021 年 5 月 6 日 取得）

日高千景（2009）「融資活動の展開」宇沢弘文・武田晴人編『日本の政策金融 I 高度経済と日本開発銀行』東京大学出版会、177-290 頁

「リサーチナビ GHQ/SCAP Records, Natural Resources Section（NRS）」https://rnavi.ndl.go.jp/kensei/entry/NRS.php（2020 年 9 月 23 日取得）

「石炭について学ぶ」http://www.jcoal.or.jp/intern/cucoal/01/（2020 年 9 月 23 日取得）

佐藤仁（2011）『「持たざる国」の資源論：持続可能な国土をめぐるもう一つの知』東京大学出版会

佐藤寛（2005）『開発援助の社会学』世界思想社

島西智輝（2005）「炭鉱労働組合運動における大衆闘争の形成に関する考察：戦後復興期の三井鉱山砂川炭鉱労働組合の事例を中心に」『三田商学研究』47（6）2、53-78 頁

清水拓・石川孝織・青木陸夫（2017）「報告現存するショートウォールカッターとドーダーから戦後初期の米国式採炭技術導入を考える：夕張市石炭博物館が保管する旧太平洋炭鉱使用機械に係る調査記録（第二報）」九州大学記録資料館産業経済資料部門編集『エネルギー史研究：石炭を中心にして』N.32、211-229 頁

新藤東洋男（1985）『赤いボタ山の火』三省堂

滝田賢治（2015）「国際社会とアメリカの占領期対日経済援助：ガリオア・エロア援助を中心として」『法学新報』121（9・10）、315-348 頁

戸木田嘉久（1989）『九州炭鉱労働調査集成』法律文化社

徳本正彦・依田精一（1963）『石炭不況と地域社会の変容』法律文化社

鶴見和子（1996）『内発的発展論の展開』筑摩書房

第3章　協同農業普及事業導入時における "適応・再編成" 過程

―戦後日本における外部介入型の農村開発

辰己　佳寿子

1.　終戦直後の日本における外部介入型の農村開発

　本章の問いは、第二次世界大戦後に敗戦国であった日本の復興を、ドナーとしての GHQ が日本に行った「開発援助」として捉えた場合、外部介入による上意下達の農村開発がどのように "適応・再編成" されてきたのかということである。"適応・再編成" とは、政策をそのまま受け入れるのではなく、最大限それを必要とするものに組みかえて利用していこうとする対応である[注1]。本章では、GHQ と日本政府の優劣構図における農村開発に焦点を当てて、協同農業普及事業（農業改良普及事業と生活改善普及事業）の導入時の日本政府による "適応・再編成" の過程を考察する。なお、都道府県レベルにおける "適応・再編成" の過程は第6章で触れる。

　終戦直後、日本の疲弊は著しく、食料の供給確保が喫緊の課題[注2]であり、民主化の前提条件としての「飢餓状態からの脱却」は必須であった。ゆえに、日本政府は GHQ の介入を受けながら三つの農業改革を行った[注3]。最初に行われたのは、地主小作制の解体を目指した上からの農地改革（1945-52年第一次／第二次）である。小作料が収穫物の半分を占める地主制のもとにある小作人の地位向上・自作農創設は、戦前からの農民運動の悲願であったし、その重要性は農政官僚も十分に理解していたからである[注4]。農地改革の結果増加した小規模家族自作農民を独占資本から擁護する目的で1947（昭和22）年に導入されたのが農業協同組合制度であった。1948（昭和23）年には、農業改良局設置法と農業改良助長法の制定をもって、食糧増産政策や開拓入植政策を推進するための協同農業普及事業、すなわち、農業改良普及事業と生活改善普及事業が導入された[注5]。

　これらの農業改革は農村の民主化を目指したものであるが、女性解放・農民文学運動を展開した作家の住井すゑ[注6]は、「それは変わったんじゃなくて、変えられただけでしょ。ここは大事なところですよ。変わるということは、自分で自覚して、自ら方向転換するということです。（略）農地解放でも農民がかちとった農地解放ではない。アメリカの力で解放してもらった。農地の所有関係がアメリカの力で変えられたにすぎない。だから農村は変わるわけないですよ」と農林省[注7]の二代目生活改善課長を経験した矢口光子[注8]との対談で述べている（住井・矢口 1981）。1980年代に住井が指摘したように、戦後の民主化は外から押し付けられた外部介入型の民主化であった。21世紀になっても小倉充夫（2021）が「日本は他のアジア・アフリカ諸国のようには、外国による支配や独裁体制からの解放を民衆が自力で勝ち取ったという経験を持たない」と指摘するように戦後日本社会の民主化の成熟度合いについては疑問符がもたれている。民主化をいかに浸透させていくかは現在にもつながる重要な課題である。

　これらを踏まえて、本章では、敗戦国日本が「民主化」を全面に打ち出したGHQによる農村開発をどのように受け入れてきたのかを改めて考えてみたい。農業改革はGHQと日本政府の優劣構図において上意下達で導入された“受容・服従型”であったと捉えることも可能であり、それが現在の農村を衰退させたという見方もできなくはない。しかしながら、それでは、あまりにも日本政府や農村・農民が「開発をされる側」で「変えられなければならない対象」であったという受け身で消極的な存在として描かれすぎではないだろうか。たしかに、農村は保守的で因習的で封建的で民主化の阻害要因で解体する対象として位置づけられた時期もあるが、令和の現在から遡って捉え直してみると、さまざまな組織や人の層を経て、したたかに、しなやかに“適応・再編成”しながら自立発展の萌芽を育んできたという一面もあるのではないのか。

　このようなささやかな期待を込めた大胆な仮説を検証する試みとして、本章は、上意下達の農業改革にもかかわらず、“自ら考え、理由づけ、自ら決定して実行する”という「考える農民」の育成を理念としていた協同農業普及事業の導入過程に焦点を当てる。戦前からの農林官僚で経済学者でもあり、二代目の農業改良局長を務めた小倉武一（1951）は、1951（昭和26）年の全国農業改良普及員実績発表大会において、「従来の農政は、『考える農民』ということを

まったく問題としませんでした。農民は指導者に盲従させられたのでありま
す。(略) 考えるということは、盲従に対して自主性を確立する基礎でありま
す。自主性の確立は、とりもなおさず自我の確立であり、民主主義の根底をな
すわけであります。のみならず、やがてそれは自らの進歩を夢見ることを可能
とします」と説明している。

　この理念の背景には、戦時中、農民が、自我を殺して軍国主義的なイデオロ
ギーに服従せざるを得なかったという状況がある。戦後は、こういう状況から
脱し農民ひとりひとりが民主化を担う主体であり、個人は、批判的精神を深く
したり、感受性を強くしたり、良き社会関係を築き、さまざまな社会の役割を
果たしながら、主体を形成していくことこそが肝要というのである。

2.　協同農業普及事業導入による日本政府の対応

2.1.　GHQ の指導で進められた協同農業普及事業

　新しい普及事業の導入においては、1943 (昭和18) 年発足の大戦中の農業統
制機関である農業会[注9]と指導農場の廃止が検討されていた。なぜなら、従来の
普及事業には多くの欠点があったからであり、GHQ は、1947 (昭和22) 年 5 月
に次のように指摘していた (岩本 1998)。(1) 農業情報は農民の元に届いていな
い。(2) 普及職員は農家を援助せず、情報も提供していない。(3) 指導農場は
農家に対する実演センターではなく、試験場の付属施設になっている。(4) 農
業会が実質的に普及事業を統括していたため、財政の大半を農業会が処理して
いる。(5) 普及組織は不必要に分立し、また職員も未熟だったので、効果的な
普及事業が遂行できていない。(6) 優れた科学者を抱える大学が普及系統から
はずれている。(7) 普及事業は農家活動の一部しかカバーできておらず、生活
改善や青少年活動を含んでいない。(8) 普及事業向け資金が他の活動にしばし
ば流用されている。(9) 地方では資金が非民主的な方法で徴収されている。
(10) 農業生産を高め農家生活を向上させるため研究成果を耕作農民に還元す
るという普及事業の目的が達成されていない。

　その後、日本側と GHQ とのやりとりが続いたが、1947 (昭和22) 年11月に
は農業会の解散に関する法律が公布された。1948 (昭和23) 年 2 月、GHQ は、

指導農場への支出を1948年度は認めないこと、農業会が行ってきた農家支援活動に代わる農業普及制度をつくり、これに指導農場に支出されていたのとほぼ同額の予算を配分すべきことを農林省に指示し、指導農場は1948（昭和23）年4月末に閉鎖された（岩本 1998）。

　新しく始まった協同農業普及事業は、従来の農業指導には見られない以下のような特色が挙げられる（山極 2004）。

(1) 指導の重点を物から人（農家）に指向したこと：農産物の増産など物量的側面から、農村の民主化政策の一環として自主的に考え行動する農業者を育成しようとするのが第一のねらいであった。普及組織はこれに奉仕するという立場がとられた。

(2) 農家の生活改善を取り上げたこと：農業の経営改善のためには生活の合理化が必要であるし、農業経営の改善なくして生活改善は不可能である。両者が互いにからみ合いつつ発展するところに農業および農家生活の向上が期待できる。生活改善指導は、農家の生活面の問題を摘出し、生活改善の意欲を盛りたて、合理的な生活技術を具体的に提供して、農家の生活改善を農家自らの手で行うよう精神的技術的援助を行おうとするものとして位置づけられた。

(3) 農村青少年の育成を取り上げたこと：次代を担う青少年の科学的知識を向上しようとする心と同志相寄り相助け合う精神を養うための自主的なクラブ活動が展開されるようになった。

(4) 国と都道府県の協同事業としたこと：国の最新技術の普及などを全国的に推進するとともに需要の動向に応じた農業生産の再編成など国の農政の方向に即し、都道府県間の均衡に配慮しながら全国的に統一性のある普及事業を展開する必要があり、都道府県は地域の特性を生かしながら都道府県農政の方向に即して、都道府県内で均衡のとれた普及指導を推進する必要がある。このため、国は一定の資格を持った専門家を統一基準に基づき全国的に配置するとともに、経費については通常の補助金ではなく「協同農業普及事業補助金」として助成された。

予算と人的配置は**図3-1**と**図3-2**に表すとおりである。圧倒的に農業改良普及事業の予算の方が、生活改善普及事業よりも大きいが、生活改善や青少年

研修の予算が組まれたこと自体が画期的であった。農業改良を進めるための農業改良普及員と生活改善を進めるための生活改善普及員が全国一斉に各県の職員として採用された。普及員が公務員になったことは大きな変化であり、安定した身分で村の政治にわずらわされずに自分の信念を活して現地指導に専念で

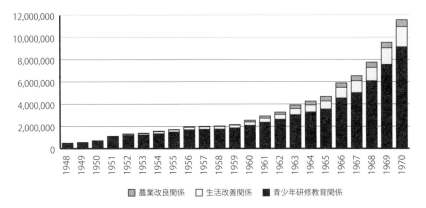

図3-1　普及事業関係予算額の推移（千円）
元出所：農林水産省普及課調べ
出所：山極榮司（2004）『日本の農業普及事業の軌跡と展望』（全国農業改良普及支援協会）より一部抜粋
注：本省費および委託費は除外。補正後予算のとりまとめ。

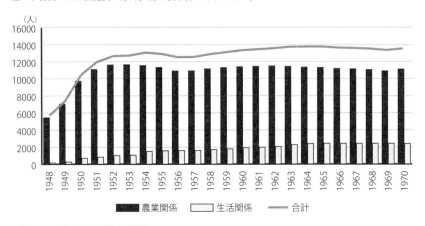

図3-2　普及職員数の推移
元出所：農林水産省普及課調べ
出所：山極榮司（2004）『日本の農業普及事業の軌跡と展望』（全国農業改良普及支援協会）より一部抜粋
注：専門技術員を含む。各年度末の設置数。

きる環境が整えられた (原 1968)。普及員の人数においても、圧倒的に農業改良普及員が多いが、GHQ は、農業改良普及員と生活改良普及員の割合を 5 : 1 にするよう目標を掲げた (岩本 1998)。

2.2. 協同農業普及事業におけるアメリカの影響

　協同農業普及事業は、アメリカの普及事業を範とした教育的事業として性格づけられている[注10]。図 3-3 の左図に示すとおり、アメリカの普及事業の特徴は、連邦政府、土地下付大学 (州立大学) および郡政府の協同事業であり、大学が事業の指揮をとっていた。普及職員は中立的な土地下付大学の校外教育者として農業者が求める新しい技術、知識にこたえるという、下から上の流れ (ボトム・アップ) であった。GHQ が当初、日本に期待したものはこのような考え方に基づいた普及事業の展開であった (山極 2003)。

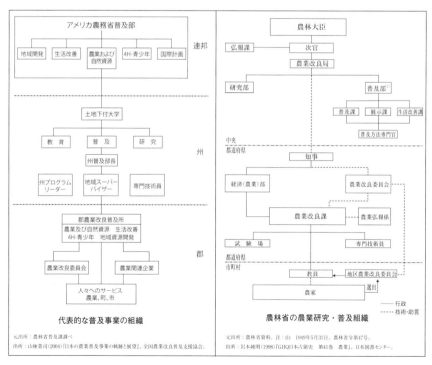

図3-3　アメリカの普及事業と日本の普及事業の組織図

　しかしながら、日本側がアメリカ型の大学を中心とする普及事業をそのまま受け入れるということは困難であった。指導農場を廃止する一方で日本に適応した普及事業を模索するという段階が続き、最終的には文部省管轄の大学ではなく、農林省主導の体制がとられることになった。1948（昭和23）年8月には、普及部、経済研究部、技術研究部、庶務課からなる農業改良局が発足し、11月には、普及部内に普及課、展示課、生活改善課が設置された。生活改善課は、農家の衣、食、住、家庭管理等生活改善に関する普及、調査ならびに資料の収集整理等の事務に当たった（山極 2003）。**図3-3** の右図が、農林省を中心とした農業研究・普及の組織図である。

　生活改善普及事業を推進するにあたって、GHQ からは是非とも課を設けるべきとの指示があり、実質的な最高責任者のポストである生活改善課の課長の選考にあたっては女性を選ぶよう強い要望があった。しかし、省内には適任者がみつからなかった。省内の動きが鈍い中、GHQ は当時文部省の図書編集室に嘱託として席を持っていた山本（大森）松代を推薦した（三宅 1968）。山本は、クリスチャンで、1935（昭和10）年アメリカに留学（ワシントン州立大学）し英語が堪能で、生活改善の基礎となる家政学にも通じていた[注11]。日本の農村社会に精通していなかったが、家政学を実践と結びつけて生活改善を捉えていた。山本（1971）は「私は生活改善という名の下で家政学の実践面のみをやってきたつもりではなく、家政学自体をやってきたつもりである」と述べている。山本は、アメリカの家政学を参考にしながら、日本の家政学はアメリカなどと比べて社会的進出が少ないとし、日本の生活改善には、better life、better home、better society を指向するたえざる進展の意識が必要と指摘している。

　農業改良は戦前の普及事業の一部を継承したのに対して、生活改善は戦後になって一から道を開いていかねばならず試行錯誤の過程で、アメリカの影響は小さくなかった。アメリカの専門家が訪日したり、日本人がアメリカに研修に赴いたりすることによって、アメリカの普及事業を日本型の普及事業に適応・再編成するようになった。山本は1950（昭和25）年2月から6月までアメリカで生活改善の視察および研修を行った。1950（昭和25）年2月〜1951（昭和26）年1月の間には、GHQ 天然資源局生活改善担当官の米連邦農務省専門家メアリー・L・コリングス女史が日本に滞在し、「普及事業の精神は、行うことに

よって学ぶ」「教える者は学ぶものでなければならない」という姿勢で指導にあたった（佐藤 1968）。

　1958（昭和33）年には、都道府県の生活改良普及員の中でも特別に選ばれた専門技術員が東京で一堂に会して研修を受けるための「生活改善技術館」[注12]が落成した。山本はこの技術館の建設を提案したひとりであったが、農林省の予算では不十分だったため、アメリカの民間の慈善事業団体であるロックフェラー財団に援助の交渉をしたり、国内で資金集めを行ったりした（徳永 1968）。「生活改善技術館」は、全国の専門技術員が集まって長期的な研修を受け、その後、都道府県に戻り、一般の生活改良普及員を指導していた。普及員間の情報交換、手本交換が活発に行われ、生活改善の方法も徐々に確立していくこととなった。同期の研修生同士が研修終了後も県境をこえて交流関係を保つこともあった。

　男性中心的な農林省内で組織は小さく女性を対象とした部署であることから批判も多かった生活改善課において、山本は、アメリカという外部の影響力を活用して生活改善普及事業を日本に適応・再編成させようとしていたと言える。

3.　普及員を介して適応・再編成されていく普及事業

3.1.　普及員が指摘したアメリカ農村社会との違い

　協同農業普及事業は GHQ の積極的な指導と助言を得て導入されたが、アメリカと日本の農民気質には差異があるがゆえに、日本に適応させた普及方式が必要であることが普及員レベルでも議論されている（山口県 1969）。以下のアメリカ人の気質の5項目は、兵庫県の農業改良普及員が派米農業実習生の一人として1957（昭和32）年にカリフォルニア州へと派遣され、アメリカ人が経営する一個人農場に住み込み、労務者となって勤労の汗を流した経験を通して導き出したものである。その時の報告が全国の普及員が意見や情報を交換するための『普及だより』176号に掲載された。

　（1）人真似しない農家：米国では農家は人真似しないが、日本人は人真似をし、隣が気になる気質を持っている。比較することで成長するため、日本では農業視察が効果的である。

（2）地域的組織の無い国：米国では思想も生活もまちまちの個人主義の国であるため、地域組織などはつくろうとしてもできない。日本の農村には、下部組織がよくできており整然と活動している。要は運営しだい。

（3）グループの活動を中心にしている：グループの活動目標は細分化されているため、米国の普及員が地区の担当をせず、完全に専門化している。

（4）普及事務所に農家は来ない：米国で働く人たちは1分間がいくらという観念があり金儲けが中心であるから、農家はめったに事務所に来ない。普及員が農家に接するには、自分から出て行くほか方法がない。日本では農家が事務所に押しかけて対応に忙しいと話すと、彼らは日本の農家はヒマだなと言う。米国人が日本の農家を見ると遊んでいるとしか見えないようだ。

（5）4Hクラブ[注13]は日本と性格がちがう：米国の普及員は大学に属する教育者であるから、4Hクラブは学校教育の延長で一種の校外教育である。日本の普及は県庁に属する技術的行政官的であって素質が全く違っている。日本の4Hクラブの実情はその大部分が農事研究会。日本の場合は日本に適応して青年農家クラブを発展さす方が好ましいと思う。もちろん、米国の4Hクラブとはかなり性格の違ったものになるものの、米国の取り入れられる長所は、よく消化して取り入れることの必要なのはいうまでもない。

　この報告には、日本の農家は比較することで成長するため視察が効果的であること、日本は地域組織が機能しているためそれらを生かすべきであることが指摘されている。実際に、普及員は日本の農家の気質を見抜いて、外部への視察や表彰等の外部評価を事業に取り入れている。農家の方から、モデルにしたい地域の活動を見に行きたいと視察の希望があがってくることもある。地域社会へは、外部から普及員が入ってくるだけでなく、他地域との交流によって切磋琢磨する方式がとられている。

　グループの組織化は普及の主な方法であるが、日本のグループは、専門に特化したものではなく目の前の課題に取り組むべく柔軟的で多面的な機能を持っている。日本の普及員は、農業や生活改善の専門家ではあるが、自分の専門外のことも自身で勉強したり、農家と共に汗を流して肉体労働をしたり、時間外

でも農家の問題に寄り添ったり、家族や農村リーダーと交流をしたり時には殻らを説得したりと多様な役割を担っている。普及員は「先生」と呼ばれることはあるものの、身近な先生で普及事務所にも農家が気軽に訪れて相談できる関係性を保っていた。それは、経営体としての経済的な関係のみではなく、社会文化的な顔の見える関係でもあった。

　日本の地域社会は、目的指向的な機能集団ではない。農業や生活を営む基礎集団的な要素を持ち、文化を育む多面的な機能を持つ社会なのであり、アメリカ人からみると無駄のように見える時間も生活面からみると地域の社会関係を築いていくための重要な時間として捉えられる。「米国の取り入れられる長所は、よく消化して取り入れることの必要なのはいうまでもない」と言及されているように、日米の違いをよく観察して、日本ではどのように適応・再編成していくのか、これが現場の普及員の腕の見せどころであった。それは自身の持ち場のみならず、『普及だより』などで全国的に情報発信をして、具体的な普及方法を再編成することにもつながっていた。

3.2.　生活改良普及員と初期の生活改善手法

　次に、生活改善に焦点を当てていきたい。日本の農家生活は基本的に遅れていた。台所はいつも暗くて不衛生的な場所だったし、食物の栄養分や衛生的な調理法に関する知識は非常に乏しかった。水は通常浸透水に汚染された井戸から汲み上げられていたし、便所は不潔で悪臭がした。害虫もはびこっていた。生活改善は農村でぜひとも成し遂げなければならない課題だった（岩本 1998）。

　ゆえに、生活改善活動の主な領域としては、住宅設備の改善では、かまど、台所、給水設備、風呂の改善などが、食生活の改善では、農繁期の保存食、粉食の普及、農家世帯員の栄養改善のための小家畜（ヤギ）の飼育などが、また作業着の改良やハエ・カの共同駆除などが、それぞれ広く取り組まれた（農林省 1954）。

　都道府県の職員として生活改善普及事業を担った生活改良普及員について触れておくと、当時の生活改良普及員の受験資格は、「高等女学校において、家事、栄養の科目を修め、卒業後三カ年以上家事、栄養の試験研究、教育、普及に従事したもの」「家事、栄養の科目を修めた専門学校卒業者」であった（協同

農業普及事業二十周年記念会編 1968）。

　生活改良普及員は、制度発足当初は全国で262名にすぎなかったが、1957（昭和32）年までに1505名に増員され、1964（昭和39）年には2182名に達した。生活改良普及員を技術的側面から援助する専門技術員は、普及制度発足の翌1949（昭和24）年から設置されたが、人員は徐々に拡充され、1954（昭和29）年からは各都道府県に2人となり、生活技術と普及方法（後に普及指導活動）をそれぞれ担当した[注14]。1954（昭和29）年以降の充実期には、生活改良普及員の増員が行われ、1人当たりの担当農民世帯は全国平均で約4000戸となった。

　初期の生活改善の手法として挙げられるのは、（1）生活改善実行グループの育成、（2）濃密指導方式、（3）生活改善展示実験室である。

（1）生活改善実行グループの育成：生活改善実行グループは、既存の婦人会などの組織を母体にして形成されてものではなく、若妻、若嫁という世代が対象となった。グループ育成においては、集落内でのリーダー的女性を見いだして組織する場合もあった。グループの特徴は、自主的な集まりであること、必要な知識・技術を修得する方法を講じ実施計画を作成すること、運営は会員の責任分担と協力によるものであり自分で考えて実行する力や進んで人のために役立つ人柄・相互に助け合う協同精神を養成することであった。1953（昭和28）年からは、生活改善実行グループの全国大会も開催され、実用技術、知識、経験の交流（生活改良普及員同士、生活改善実行グループ（員）同士とも）が県レベルや全国レベル成果発表会まで進み、さらなる改善意欲の昂揚へと結実していった。全国の生活改善実行グループ数は、1956（昭和31）年3月末の時点で5461グループ（成員総数13万992名）となっている。

（2）濃密指導方式：濃密指導[注15]とは、特定のグループや地域を対象に集中的指導をする普及方式である。生活改善への意欲や関心の度合いにより普及員が対象を選定した。この方式は、先行優良地区を形成し、そこから周辺地域への生活改善の普及拡大を見込んだものであった。先行する生活改善実行グループが、後続のグループに支援の手を差し伸べる取り組みである。他地域と比べて重点的な指導を受けていることから「ジェラシー」[注16]が醸成されることもないわけではないが、他地域と比較する

ことで自らの不十分な点や改善点を認識してグループ活動が活性化することもあった。

（3）生活改善展示実験室：農家生活技術適応実験の実施、農家生活の改善に関する実験および展示を行う施設として、全都道府県の農業試験場内に、生活改善展示実験室が設置された。実験実施を促進するため、緊急解決を要する実験テーマの実験に要する材料費および実験農家設定に要する経費を農家生活適応実験費補助金として46都道府県に交付している。生活技術を農家に導入する場合には、農家生活の実態に応じて技術の修正を行い、適応性をもたせることが必要であるが、このため展示実験施設における実験とあいまって実験農家を設定し、記録と観察を行った。

　これらの活動は、具体的な目前の課題・問題を一つずつ取り上げ、自らできることから着手し、より大きな課題・問題に対峙していく課題解決型のアプローチであった。展示や比較や交流によって互いが成長しあう機会の創出も行われていた。生活改良普及員は、寄り添う姿勢を大事にしながらも、論理的に事柄を整理・把握し、資源・資金・技術を動員し、外からの刺激を与え、諸機関の施策を咀嚼・翻訳して農村女性たちに伝える、という役割を担った。

4.　戦後日本における"適応・再編成"型の農村開発

　本章では、戦後、GHQという外部の介入による農村開発の一つである協同農業普及事業に焦点を当てて導入過程を考察してきた。第2節で言及したように、この事業の新規性は、開発の重点を物から人に指向したこと、生活改善と青少年育成を取り上げたこと、国と都道府県の協同事業としたことである。この事業導入期を考察してみると、アメリカの制度を範としつもそのまま受け入れるのではなく、それを最大限必要とするものに組みかえて利用しようとする"適応・再編成"過程であったことが見てとれる。特徴として以下の5点が挙げられる。

（1）外部介入による上意下達の農村開発といっても、普及事業においてはGHQの関与は制度構築の段階のみで事業実施後には助言的な役割で

　　あったこと

（2）農業改良助長法という法律に基づいて農林省管轄で実施され日本人の都
　　道府県職員が普及制度を構築し普及活動を行ったこと

（3）アメリカの農業普及事業をそのまま導入して管轄組織を大学にするので
　　はなく日本の農林省が担い各県を通じて全国的に事業を展開したこと

（4）日本人の農林官僚や普及員がアメリカと比較しながら長所はよく消化し
　　て取り入れ適応しながら日本型の普及事業を再編してきたこと

（5）アメリカの影響力を活用しながら変えるべき部分を変えてきたこと

　導入初期には強制的な側面もあったが、日本側は、それを受容し、ある意
味、適応させながら、農林省、都道府県職員が試行錯誤をしながら制度を再編
成し、日本型の普及事業を構築してきた。本章では GHQ と日本政府という構
図を掲げていたが、日本政府においても省内の関係性や農業改良担当部署と生
活改善担当部署では考え方等が異なる中での試行錯誤もあった。二重というよ
り重層的な構造の中で "適応・再編成" が行われてきたと言えよう。

　冒頭で、住井すゑの「それは変わったんじゃなくて、変えられただけでしょ」
という言葉を引用したが、その対談相手は農林省 2 代目生活改善課長の矢口光
子であった。矢口 (1969) は「人生に流されるのではなく、人生の主人公として
ありたい。生活と生産の主人公としての人間が、農村生活のなかで育てられ、
かつ、農村生活を発展させてゆくのではないか」と述べている。矢口は、本章
で紹介した初代生活改善課長の山本松代の苦労や奮闘や適応・再編成過程をよ
く理解し、アメリカから指導を受けた生活改善を大きく軌道修正し、日本文化
になじんでいた伝統的な「生活改善」とは異なるものを全国の生活改良普及員
とともに構築していった (富田 2006)。事業導入初期の外部介入の段階で「開発
される側」の農林官僚および普及員が "適応・再編成" していったことは本章で
示すことができたが、"適応・再編成" はその後も継続的に行われていった。本
章の過程の考察だけでは自立発展性の萌芽を実証したとはいえず、中長期的な
視点が必要である。この課題は第 6 章の都道府県レベルで考察していきたい。

　謝辞
　本研究は JSPS 科研費16H03708・19H01584の助成を受けたものです。

［注］

1　日本村落研究学会の1983（昭和58）年度の共通論題「農政と村落」という議論から生まれた概念
　　である。村落が農政に対応する方法が以下の3通りに分類された（高橋・中田1985）。(1)受容・
　　服従型：農政の論理に全面的に組み込まれ、政治支配を迎合しながら自らの利益（補助金獲得）
　　を図ろうとする対応、(2)適応・再編成型：現状の農政を肯定したとしても、そのまま受け入
　　れるのではなく、最大限それを地域が必要とするものに組みかえて利用していこうとする対
　　応、(3)拒否・抵抗型：農政の論理を否定し、それを打破するため正面きって抵抗するなり、
　　逃走するという対応である（嘉田1983）。ここでの議論は農政と村落の関係の論理が描かれて
　　いるが、この構図は、GHQと日本政府（第3章）、農水省と都道府県（第6章）の構図として捉え
　　直すことができる。ゆえに、筆者は、生活改善普及事業は、多層な意味での“適応・再編成
　　型”であったと捉えている。

2　戦後の食糧危機は、戦争による耕地の荒廃、農業労働力不足、輸送の不円滑、供出・配給制
　　度の不合理、サボタージュといった戦後固有の原因とともに、植民地の喪失により戦前・戦
　　時期に日本が有していた食糧需給構造には復帰が不可能であるというきわめて構造的・宿命
　　的な原因によるものであった（白木沢2002）。1人当たりのカロリー摂取量でみてみると、1931-
　　35年平均は、国民1人1日当たり2265キロカロリーであったが、1945（昭和20）年に1971キロ
　　カロリーに低下し、1946（昭和21）年は1962キロカロリーまで減少した（岩本1998）。ちなみに、
　　現在、国連世界食糧計画（国連WFP）が推奨する成人1人の1日当たりの摂取カロリーは2100キ
　　ロカロリーである。

3　1947（昭和22）年の『国勢調査』による産業別就業人口（3332万8963人）のうち第一次産業就業者
　　（1781万1597人）は53.4％であった（農政調査委員会編1977）。就業人口の半数以上が第一次産業に
　　関わっており、農村開発は最重要課題の一つであった。

4　笹山（1968）は、「戦後の農政の最大の課題は、農地制度をなんとか改革せねばならないという
　　ことであった。これは農林省にも改革の意図があったのであるが、なかなか実現できなかっ
　　た」と指摘し、Dore（1965）は、「農地改革の勲功をどう割り当てるとしても、相当の分け前は、
　　日本の官僚のなかの用心深いがしかし進歩的な意見をもっていた人々にあたえられなければ
　　ならないだろう。常に人類の進歩の味方をする人々であった。このたびは、権力の側に立っ
　　て、この計画を成功さすべく努力した」と指摘している。

5　農業改良助長法の目的は「農業者が農業経営及び農村生活に関する有益かつ実用的な知識を
　　得、これを普及交換することができるようにするため、農業に関する試験研究及び普及事業
　　を助長し、もつて能率的で環境と調和のとれた農法の発達、効率的かつ安定的な農業経営の
　　育成及び地域の特性に即した農業の振興を図り、あわせて農村生活の改善に資すること（第一
　　条）」である。

6　住井すゑ（1902-1997）は、すべての命が大切であり平等なものであることを生涯にわたり訴え
　　続けた作家である。代表作は『橋のない川』。これを原作とした映画が1992（平成4）年に東陽
　　一監督によって制作された。

7　1978（昭和53）年に農林省は農林水産省に改称されるが、本稿では当時の「農林省」の用語を用
　　いる。

8　矢口光子（1923-1994）は、高度経済成長期の1965（昭和40）年に二代目生活改善課長に就任した
　　医師。視点を農家から農村という地域社会空間と個人に変えて新たな生活改善を創出した。
　　1975（昭和50）年に農林省を退官した後、社団法人農村生活総合研究センターを設立し、生活

改善手法の研究や農村女性の地位向上に取り組んだ(富田 2006)。

9　民間の創意によって始まった明治初期の技術普及は、しだいに行政権力と関係を深めるという方向をとりつつ1899(明治32)年には農会法が制定され、町村、郡市、府県段階に農会が設立され、国の財政援助を受けながら全国的規模の系統農会組織による技術指導が行われた。この系統農会組織による技術指導も次第に変質(技術指導から補助金政策へ)し、さらに農業会に再編されるに及んで指導の重点も食糧の割当や供出に置かれ、国の行政の末端組織としての役割を演ずるようになっていた(山極 2003)。

10　アメリカでは早くから州農科大学で、教育・研究・普及が三位一体に行われ、普及事業が発達してきたが、それを全米的に統一して連邦政府が援助したのがスミス・レイバー法である(磯辺 1968)。

11　長兄がマルクス経済学者の大森義太郎(東京帝国大学経済学部を辞任、労農派の論客)であった。この兄の関係で農林省に大きな影響力を持っていた東畑精一、東畑四郎、小倉武一などの学者・官僚たちの後ろ盾があった(片倉 2011)。

12　1966(昭和41)年に「生活改善技術研修館」に改称、1990(平成2)年に「生活技術研修館」に再度改称し、2006(平成18)年に東京都港区六本木から茨城県つくば市榎戸へ移転、2009(平成21)年に農業技術研修館および生活技術研修館が「つくば館」に改組(農林水産省施設概要　https://www.maff.go.jp/j/kanbo/tukuba/s_outline/index.html、2023年2月14日閲覧)。

13　4Hとは、「腕(Hand)を磨き、頭(Head)を訓練し、友情の心(Heart)と健康(Health)を増進する」という意味。アメリカから4Hクラブが紹介されたが、日本型4Hクラブとして農業青年クラブが定着した。日本型の4Hは、農業の改良と生活の改善に役立つ腕を磨き、科学的にものを考えることのできる頭の訓練をし、誠実で友情に富む心を培い、楽しく暮らし、元気で働くための健康を増進することである(日本農業普及学会編 2005)。

14　生活関係専門技術員は1950(昭和25)年の16名から1964(昭和39)年までに224名に増員強化された。専門技術員は国家資格であり、生活改良普及員の経験が10年あれば、受験資格を得られる。生活技術(衣・食・住・家庭管理の4部門)と普及方法(後に普及指導活動)を分掌した。

15　日本の途上国における技術協力プロジェクトでは、伝統的に「パイロット地域」を特定し、その場所(モデル村落、農業試験場、教育病院、職業訓練校)に集中的に日本からの資源(資金・機械・人材)を投入し、そこに働く人々を「カウンターパート」として技術移転を行う方法をとってきた(佐藤 2008)。類似の方式が普及事業でも行われていた。

16　佐藤(1995)は、開発援助の文脈で「ジェラシー」を「援助の(短期的な)便益あるいは効果が、特定の個人および集団に与えられていることに気付いた(と思い込んだ)人々のなかに、その状態の解消を望んだり、あるいは自分達に有利な方向に変更したいという気持ちが発生すること」と定義している。日本の普及事業においても類似の現象は見られる。

参考文献

Dore, Ronald Philip, 1959, *Land Reform in Japan*: London, Oxford University Press.〔並木正吉・高木径子・蓮見音彦訳(1965)『日本の農地改革』岩波書店〕

合田公計解説・訳(1997)『農地改革(GHQ日本占領史33)』日本図書センター

原政司(1968)「普及事業への執念:試験場から普及事業へとびこんで」協同農業普及事業二十周年記念会編『普及事業の二十年』314-315頁

磯辺秀俊(1968)「普及事業発足のころ:初代農業改良局長として」協同農業普及事業二十周年

記念会編『普及事業の二十年』304-305頁

岩本純明解説・訳 (1998)『農業 (GHQ日本占領史41)』日本図書センター

嘉田良平 (1983)「農政の論理と村落の対応」『研究通信』第133号7月、25-29頁

片倉和人 (2011)「生活改善普及事業の思想：山本松代とプラグマティズム」田中宣一編『暮らしの革命－戦後農村の生活改善事業と新生活運動』農山漁村文化協会、119-139頁

国際農林業協働協会 (JAICAF) (2016)『世界食料農業白書 2015年報告』誠文堂

協同農業普及事業三十周年記念会編 (1978)『普及事業の三十年』

協同農業普及事業二十周年記念会編 (1968)『普及事業の二十年』

三宅三郎 (1968)「思い出すままに：農業改良局設立準備室のころ」協同農業普及事業二十周年記念会編『普及事業の二十年』306-308頁

水野正己・堀口正編 (2019)『世界に広がる農村生活改善』晃洋書房

水野正己 (2008)「農村開発論の展開と課題」『開発と農村』(水野正己・佐藤寛編)、アジア経済研究所、15-50頁

日本農業普及学会編 (2005)『農業普及事典』全国農業改良普及支援協会

農政調査委員会編 (1977)『改訂　日本農業基礎統計』(加用信文監修) 農林統計協会

農林省大臣官房総務課 (1973)『農林行政史十巻』

農林省農業改良局 (1954)『生活改善 普及活動の手引(その一)』

小倉充夫 (2021)『自由のための暴力：植民地支配・革命・民主主義』東京大学出版会

小倉武一 (1951)『農民と教育：新しい農政の確立のために』農林統計協会

太田美保 (2008)「日本の農村生活研究と生活改善普及事業の軌跡」水野正己・佐藤寛編『開発と農村：農村開発論再考』アジア経済研究所、169-217頁

笹山茂太郎 (1968)「指導農場からエクステンションへ：農業改良助長法の成立まで」協同農業普及事業二十周年記念会編『普及事業の二十年』301-303頁

佐藤チヤウ (1968)「アカハタの波の中で：生活改善は"結婚の簡素化"から」協同農業普及事業二十周年記念会編『普及事業の二十年』319-320頁

佐藤寛 (2008)「農村開発における『モデル』アプローチの意味」水野正己・佐藤寛編『開発と農村：農村開発論再考』アジア経済研究所、247-273頁

―――― (1995)「援助にともなうスポイルとジェラシー」『国際開発研究』第4巻、9-16頁

清水洋二 (1994)「食糧生産と農地改革」大石嘉一郎編『日本帝国主義史3 第二次大戦期』東京大学出版会、331-368頁

白木沢旭児 (2002)「戦後食糧輸入の定着と食生活改善」『農業史研究』第36号、10-20頁

祖田修・松田藤四郎編 (2003)『農学・農業教育・農業普及 (戦後日本の食料・農業・農村10)』農林統計協会

住井すゑ (1984)『八十歳の宣言：人間を生きる』人文書院

住井すゑ・矢口光子 (1981)「あの8月から36年…いま農村は」『あすの農村』81号、75-82頁

田畑保・大内雅利扁 (2005)『農村社会史 (戦後日本の食料・農業・農村11)』農林統計協会

高橋正郎・中田実 (1985)「農政と村落：二年間の論議とその総括」『村落社会研究』第21集、御茶の水書房、97-119頁

辰己佳寿子 (2012)「農村開発／発展の社会学的アプローチに関する一試論」『国際開発研究』第

　21巻第1・2号、73-88頁
徳永健太郎（1968）「中地区体制を確立」協同農業普及事業二十周年記念会編『普及事業の二十
　年』312-313頁
富田祥之亮（2006）「矢口光子と生活改善」『アジ研ワールド・トレンド』（アジア経済研究所）、
　129号、12-15頁
矢口光子（1969）「生活改善指導の考え方・進め方」『農業と経済』第35巻第9号、18-22頁
山極榮司（2004）『日本の農業普及事業の軌跡と展望』全国農業改良普及支援協会
─────（2003）「農業普及の制度と活動」戦後日本の食料・農業・農村編集委員会編『農学・
　農業教育・農業普及』農林統計協会、471-537頁
山口県（1969）『普及事業二十年の歩み』
山本松代（1971）「家政学と実践」『家政学原論研究会会報』第4号、8-9頁

第4章 日本の公衆衛生におけるGHQの介入と変化

坂本　真理子

1.　はじめに

　日本に公衆衛生の考えが紹介されたのは明治時代に遡るが、今日ある公衆衛生体制の基盤は、戦後の占領政策の中で公衆衛生対策が重視され、強力な介入が行われたことで築かれたと言っても過言ではない。敗戦という特殊な状況であったとは言え、当時の日本を被援助国、連合国軍最高司令官総司令部 (General Headquarters Supreme Commander for the Allied Powers; GHQ/SCAP：以下 GHQ) を強大な力を持ったドナーと読み替えると、戦後日本の発展経過において、開発に向けた介入がどのように成立していったのかという経過を学ぶことができる事例である。

　本章では、戦後の占領政策の中で重視された公衆衛生対策に焦点を当て、外部者であった GHQ と指導を受け入れる側であった日本の公衆衛生関係者との水面下のせめぎ合いの中で成立していった公衆衛生のしくみとして、保健所制度に言及する。また、公衆衛生分野で活動を行う職種の中で、GHQ の介入によって大きな変革を遂げた看護職の一つである「保健婦」の事例を取り上げ、GHQ の指導者と日本側が新たな介入を成立させるために取り組んだ経過についても解説していく。今日の日本における公衆衛生の基盤を創ることになった戦後の介入には、内外共に多様な人々の関与と交渉過程があったことに着目したい。

2.　戦後占領政策の中で公衆衛生対策が強化された背景

　第二次世界大戦終戦後、長期間にわたる戦争によって日本の国土は焦土と化し、劣悪な生活環境となっていた。外地から復員する兵隊らなどが持ち込んだ

ジフテリア、赤痢、腸チフスなどの感染症も蔓延していた。衛生水準を示す指標である乳児死亡率は1945（昭和20）年時点で80.5（出生千対）、妊婦死亡率176.9（出産10万人対）となっており、国民の衛生水準は非常に深刻な状況にあった。この衛生指標は、世界の国別ランキングで言えば、現在のワースト1位、2位を争うほどの水準であった。この状況は戦後、日本に駐在していた占領軍にとっても、安全を脅かす大きな懸念事項であったため、GHQは伝染病の予防と撲滅を目的とした公衆衛生福祉局（Public Health and Welfare）を置き、対策を講じた。田中ら（2007）は、公衆衛生福祉局は「占領軍の兵士の身に直接悪影響を及ぼす恐れのあった各種急性感染症については極力、情報を収集」しており、「各都道府県から各種感染症の新規患者数・死者数が報告され、それを集計したものが公衆衛生局の部内週報である『Weekly Bulletin』に付録として記載」されていたと報告している。このことからもGHQが公衆衛生を強化した背景をうかがい知ることができる。占領期の医療政策の研究者である杉山（1995）は「戦後直後の混乱期においては、まず、危機的状況にあった衛生状態や栄養状態の改善が先決であり、それを可能にするための制度の改変が実施された。この段階では、伝染病予防や検疫にみられる強権的手法もやむをえない状況が存在し、民主的とはいい難い場面も多々みられた」（p225）と記している。

　GHQは間接占領を方針としていたため、連合国軍最高司令官であったダグラ

DDT散布　終戦後発しんチフスや赤痢などの伝染病がまん延。GHQはシラミなどの媒体駆除のためDDTを直接散布した。（1946年3月5日）
出典：Kyodo News Image Link

ス・マッカーサー（Douglas MacArthur：以下マッカーサー）は、占領後にさまざまな覚書（SCAPIN）、一般命令（General Order）や指令（Directive）を発出して日本政府に指示した。これらの指令は日本語に翻訳し、日本政府に伝えられた。日本政府は、指令内容により担当する各省に通達して、日本の法令や規則などとして各都道府県庁の省や課へと下達していった（佐藤 2008：25）。佐藤（2008）によると、マッカーサーの施行命令を徹底させるための地方軍政部のルートが存在し、地方に進駐している軍政部に下達する往信ルートとともに、地方の実際を報告する来信ルートが徹底されていた。こうした往来信の実際は国立国会図書館憲政資料館が所蔵するマイクロフィッシュ資料を通じて垣間見ることができる[注1]。

　公衆衛生分野においても、法令や規則を通じて徹底した介入が全国で行われた。公衆衛生福祉局でリーダーシップをとったのが局長のクロフォード・F・サムス（Crawford F. Sams：以下サムス）であった。サムスはカリフォルニア大学などで医学を学んだ人物で、マッカーサーのもとで公衆衛生・福祉関係の業務を担当した。島﨑ら（2003）によると公衆衛生福祉局および看護課の方針は、日本における常識的なレベル以上に公衆衛生あるいは臨床看護の水準を高めようとしないこと、健康に関する日本の官庁の機能に対し干渉、助言、監督しない、指示されたとおりに監視と報告をすること、緊急時を除き、指示がない限り公衆衛生福祉局の職員は人的援助や医療品を提供しないことであった。これには敗戦国であった日本に対する過度な支援を行わない方針が、米国内に向けたアピールでもあったという見方もあるが、外部者による介入が終了した後の持続可能性を考えると、現在の国際開発にも通じる原則であったと考えられる。

3.　GHQが行った公衆衛生分野での介入—保健所の整備

　公衆衛生福祉局長であったサムスが大々的に行った改革は全国に保健所を設置し、綿密な保健プログラムを計画実施することであった。日本では戦前の1938（昭和13）年に保健所法が制定され、1942（昭和17）年には衛生行政の一部は警察部から内政部に移管されており、厚生省内では警察に替わるものとして保健所網の整備をする動きは始まっていた（杉山 1995）。戦時中の健兵健民政策[注2]を推進するために、全国的な保健所網が求められ、全国で49か所、以後5年

間で187か所の保健所が整備されたが、戦争が進むにつれて、人材や資材の確保が困難となり、順調に進まなくなった。しかし、戦前に「保健所の源はあのころにできていた」(橋本・大谷 1990: 12)という指摘を頭においておきたい。戦前からの日本の公衆衛生関係者の悲願がGHQの介入内容に大きく影響を与えていくからである。

　杉山(1995)によると、当初、公衆衛生福祉局は保健所を性病対策の拠点として重視していた。厚生省は保健所が性病の診療所化してしまうことを危惧し、性病治療を引き受ける代わりに保健所を地域の公衆衛生の中心となる総合的なものへと拡充整備することをGHQに働きかけていった。当時の厚生省の担当官であった石橋は、後に、GHQに日本側から「日本政府として実施しにくいことはこっちがメモランダム(覚書：筆者注)をたのんでだした方が多い」と語っている(石橋 1973: 200)。その結果、GHQは1947(昭和22)年に覚書「保健所機構の拡充強化に関する件」を出すに至っている。つまり水面下ではGHQ側と日本側との交渉や取り引きが続けられ、「厚生省は公衆衛生福祉局の認可のもとに、戦前からの保健所整備計画の継続発展を目指した」(杉山 1995: 165-166)のであった。

　前出の覚書が出た後、GHQは1947(昭和22)年に戦前からの保健所法を全面改正し、戦前、警察署が担当していた食品衛生、急性感染症予防等の衛生業務も保健所に移管し、保健所を公衆衛生の第一線機関として機能強化した。都道府県ごとに人口10万人単位の地区に分割し、各地区に1つの保健所を設置し、国民の健康管理の徹底化を図らせたのであった。

　保健所法が改正されると、GHQ側も急に熱心になり、短期間にモデル保健所を作るように指示した。モデル保健所に指定された東京にある杉並保健所では、4課17係、総職員120名に及び、戦前では考えられなかった規模となった。医師は10名配属され、そのうちの2名は性病と防疫係を強化するための臨時職員であった。GHQ公衆衛生福祉局の強力な指導のもとに、日本側としてはかなり無理をしながらの設立であった(杉山 1995)。

　モデル保健所が設置されると公衆衛生福祉局はプレスカンファレンスを開き、日本の新聞記者を招待した。1949(昭和24)年に連合国軍総司令部・民間情報教育局・厚生省によって制作された20分ほどのモノクロの映像「新しい保

健所」(当時の表現では「新らしい保健所」)[注3]では具体的な事例を紹介しつつ、公衆衛生の役割についてのメッセージを込めている。例えば、保健所が憲法25条に基づいた活動であり、感染症への組織的な取り組みを行うこと、病気の予防、結核の予防、母子保健の具体的な内容、医療社会事業、保健所が行う医療行為(人工気胸、歯科治療、性病治療)などの説明が行われていた。戦前においては警察による取り締まりから保健所による監視、指導となった環境衛生や営業許可など食品衛生についての説明も含まれていた。特に保健所で働く保健婦の仕事の説明には時間をかけて、人々の理解を求めている。保健婦の行う訪問では次のような結核患者の事例が描かれている。

　　ある小学校で結核予防の集団検診をした時のことでした。注意しなければならない児童を幾人か見出したので、それらの児童の保護者を保健所に来てもらって、X光線の透視や喀痰検査による詳しい診察を行いました。ところが、その中にただ一人特に注意を要する児童が発見されました。しかもこの子どもには保護者がついてきていなかったのです。それで保健婦がその児童の家を訪ねていきました。ところがこの家では父親がさらに重症で寝ていました。とにかく早く医師の診断を受けて入院するように勧めたのです。家族のために、子どものために。しかしこの父親の言うには、医者に見せれば入院しろと言うにきまっている。そんなことをしたら、ただでさえ貧乏な俺たちだ、病気で死ぬよりもっと早く飢え死にしてしまうだろうと言って、聞き入れないのです。保健所の医師と医療社会事業係に相談すれば無料で入院する道もあるし、民生委員のあっせんで家族も生活のほうも援助が受けられることを話して、一生懸命説きました。それでようやくこのお父さんも納得して入院することになりました。

　人々の健康を守る最前線の公衆衛生機関として、全国に保健所を設置するというハード面での整備のみならず、戦前の取り締まり型の衛生行政ではなく、人々にとって保健所を身近な存在として位置づけることができるような意識改革の両者を同時に行ったこともGHQの戦略であったと言えよう。
　モデル保健所で検証された保健プログラムは全国の保健所に伝えられ、拡散

されていった。1989（平成元）年には全国で848か所の保健所が設置されている。
保健所数の推移を**図4-1**、**4-2**に示す。現在、保健所は都道府県・政令都市・
中核市などに配置されているが、都道府県保健所の数は減少している。

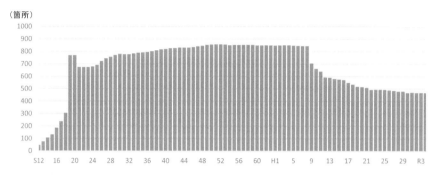

図4-1　保健所総数の推移
出所：全国保健所長会からの抜粋（厚生労働省健康局健康課地域保健室調べ）

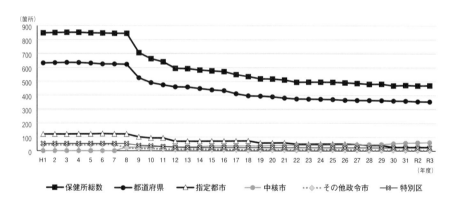

図4-2　設置主体別保健所数の推移
出所：全国保健所長会からの抜粋（厚生労働省健康局健康課地域保健室調べ）

4.　GHQが行った公衆衛生分野での介入—地域に合わせた対応の多様性

　戦後、全国に保健所が整備された後も、地域の交通アクセスや医療事情、経
済状況、人材の確保などには大きな地域格差があり、全国画一的な方策で衛生
事情を改善することは困難であった。

　地域の事情に合わせた公衆衛生活動の例として、多様な形態で活動を行って
いた保健婦の活動を紹介しよう。保健婦（現在は保健師と呼称される）は保健婦助
産婦看護婦法（現在は保健師助産師看護師法）に基づく看護職者であり、主に行
政、産業、学校といった分野で活躍している専門職者である。日本で保健婦が
誕生したのは大正時代から昭和初期に遡る。第一次世界大戦により物価が騰貴
し、貧富の差が激しくなった時代に民間の社会事業の一部として保健指導や訪
問事業が位置づけられたのが始まりである。1941（昭和16）年の「保健婦規則」
で初めて「保健婦の名称を使用して疾病予防の指導、母性または乳幼児の保健
衛生指導、傷病者の療養指導、その他日常生活上必要なる保健衛生上の業務を
なすもの」と身分が明らかにされたが、その教育背景や業務内容は多様なもの
であった。戦後、保健婦助産婦看護婦法が制定され、「保健婦」の教育や資格
の統一が行われた。
　国家資格として統一された後も、保健婦の活動には、戦後から20年余りに
わたり多様な形態が存在していた（**図4-3**）。現在も存続する都道府県の保健所
で働く保健婦、国民健康保険組合保健婦（現在の市町村保健婦の前身）[注4]に加え、
交通が不便なへき地等や離島などでは保健所保健婦を町村に駐在させ、担当地
区を巡回させる保健婦駐在制という形態がとられていた地域もある。
　保健婦駐在制は、高知県の実践を中心に行われたもので1942（昭和17）年か

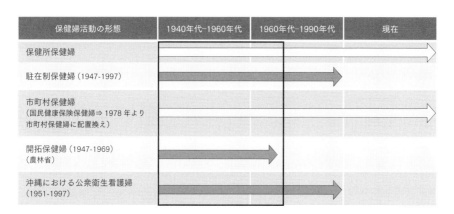

図4-3　保健婦活動の形態と継続時期
注：2002年に保助看法の一部改正で名称が保健婦より「保健師」に。

　ら 1997（平成9）年まで継続された。駐在保健婦の歴史を研究している木村
（2012）によれば、通説では GHQ の四国軍政部看護指導官ワニタ・ワーターワース（Juanita Watterworth：以下ワーターワース）が四国四県で実施することを提案したと言われるが、高知県においては戦時から警察の駐在制を模倣した、保健婦の駐在制構想を持っており、「この時期（戦時）の経験が戦後の飛躍的な公衆衛生活動の展開につながる布石となったことは無視できない」と指摘している。戦後改正された保健所法では全国一律に人口10万人に1か所の保健所を設置することになっていたが、山間地域を多く抱え、交通事情も悪かった高知県においては、衛生行政が行き届かないところを補完する制度が必要であった。木村は著書の中で1948（昭和23）年に高松の四国軍政部に到着したワーターワースに、戦時以来駐在保健婦として経験を積んでいた上村聖恵が提案し、賛同を得たというエピソードを紹介している。上村は自律的な姿勢を持ち、ワーターワースと折衝を続けていった。木村は、戦時に生まれた制度を、戦後になって地域の事情に応じて継承したと考えるのが正しいと結論づけている。つまり、地方においても戦前からの発想や経験が GHQ 指導官と日本人の関係者との交渉の中で生まれた事例が存在したと言えよう。上村は高知県下の最初の保健婦として赴任した人物で、1945（昭和20）年には高知県立保健婦養成所の講師として、後進の指導にあたった。1948（昭和23）年には高知県衛生部の初代医務課看護係に抜擢された。上村は高知県での保健婦駐在制度の実施に際し、保健婦の実情に最も詳しい者として、大きな貢献を果たしたのである。

　都道府県保健所や国民健康保険康組合の保健婦が訪問しにくい遠隔地域に設置された開拓地では、保健行政を管轄する厚生省ではなく、農林省（当時）が独自に保健婦を雇用し、配置する制度を作っていた。開拓保健婦には看護婦や助産婦の経験を持つものが採用された。開拓保健婦は医療施設に恵まれないへき地に入植した開拓者の保健衛生および生活改善指導を行うことを求められた。厳しい環境にあった開拓地における保健婦活動であったが、昼夜の区別なく開拓者の相談にあたった献身的な働きは開拓民から大きな支持を得ていた。開拓保健婦たちは初期における応急手当や助産、開拓者の生活実態調査に基づく生活や健康改善など、意欲的な活動を行っていった。開拓者たちの命をつなぐ役割を持っていた開拓保健婦は貧困に喘ぐ開拓者たちの生活を丸ごと抱えた

重要な支援者となり、1947（昭和22）年から1969（昭和44）年まで20年余り活動を続けた。

　アメリカの間接統治下にあり、多くの離島を持つ沖縄においては、「公衆衛生看護師」と呼ばれた保健婦が独自の教育を受け、離島に配置された。沖縄が本土に復帰した1972（昭和47）年以降も25年にわたり沖縄独自の活動形態として駐在制の保健婦制度は継続された。公衆衛生看護婦は前出のワーターワースとGHQ公衆衛生院保健婦教育顧問であったジョセフィン・ケーザー（以下ケーザー）の二人によって1950（昭和25）年に養成が開始された。「受講者は、身分を保健所に置き、3カ月の講義と2カ月の実習の講師陣は米国政府看護顧問等と国立公衆衛生院修了者」（金城 1992）であったという。3年間で120人が講習を終了している。公衆衛生看護婦は医療や交通事情が悪い離島などに駐在して活動を行い、「公看さん」と呼ばれ、住民に親しまれた。医師のいない中で求められる医療行為に対してはケーザーや保健所長などが協議をして業務基準を作成し、後に医師会とも協議し、処置基準を作成した。沖縄の公衆衛生看護婦は、1968（昭和43）年に琉球政府の公衆衛生看護婦助産婦看護婦法による免許所得者に本土の保健婦助産婦看護婦法が適用されることになった。沖縄における「公衆衛生看護婦」制度は、アメリカによる間接統治が長く続いたこと、多くの離島を含む交通の不便さや戦争によって医療者が欠乏していた地域特性から、独自の発展を遂げた。

　戦後日本の保健婦制度は、地域の格差が大きかった時代、それぞれの地域事情に対応できる活動形態が存在した。その後、保健婦の活動形態は都道府県保健所保健婦と市町村の保健婦という形態に集約されていったのだが、開発が進められる一定期間、同じ国でありながら、異なる活動形態により衛生事情の格差に対応した稀有な事例であったと言えるだろう。

5.　戦後公衆衛生の担い手（リーダーの発掘・人材開発）
―保健婦に焦点を当てて

　地域開発にとって、リーダーシップをとれる優秀な人材の発掘と人材開発は何よりも重要な要素である。GHQが公衆衛生を強力に推進するにあたり必要としたのは、GHQ側の指導を受け入れ、推進していく日本人の人材であった。

戦争により荒廃した日本における公衆衛生を立て直し、改善していくために
は、リーダーとなる保健所医師の存在はもちろんのこと、活動を具現化する草
の根のレベルでの人材が必要であった。保健婦は公衆衛生分野の中で働く看護
職として、その最たる存在であった。しかし、戦前に保健婦として活動してい
た人材は存在したものの、教育レベルや活動実態には格差があり、戦後の公衆
衛生を推進するリーダーとなる人材を発掘しなければならなかった。

　杉山（1995）は「占領後の医療政策は、それ以前の日本の医療と全く切り離さ
れた状態で開始されたわけではなかった。（中略）戦争によって打撃をうけた日
本の医療は、敗戦時にほとんど崩壊状態にあったが、戦前に蓄積されていた制
度、技術、人材などは占領軍によって『活用』され、改革を受容する基盤と
なった」（p6）としている。そして、「医師だけでなく、戦前に聖路加（国際病院）
などでアメリカ流の公衆衛生を学んだ保健婦も戦後の活動において大きな戦力
となっていった」（p181）。

　戦後の日本の看護改革を行うために、多くのアメリカ人看護指導者が来日し
ている。そのリーダー役を担ったのが、占領直後から占領終了までのGHQ看
護課長として活動したグレース・E・オルト（Grace R Alt：以下オルト）である。
オルトは、1947（昭和22）年に陸軍省（現国防総省）の文官として改めて契約を行
い、1951（昭和26）年にGHQ看護課が廃止され、占領任務を終えるまで日本の
看護改革にかかわった^{注5}。オルトは、保健婦助産婦看護婦法の制定、厚生省看
護課の設置、日本看護協会などの結成を指導した。また、公衆衛生福祉局およ
び看護課の方針に基づき、施行手順であるStanding Operating Proceduresを
作成した。杉山（1995）も、地方軍政部には、民間から募集したスタッフが多く
所属しており、指導監督にあたったアメリカ人の専門家が占領政策の目的より
も自らの職業意識に従って行動し、日本人とともに熱心に日本の公衆衛生問題
に取り組み、専門家同士の連帯感を育んだ例も多かったことを指摘している。

　GHQは日本人で英語を理解する有能な人材を求めた。外部支援者にとって、
いわゆるカウンターパートとしての適切な人材は、プロジェクトの成否を決め
る重要な要素である。島﨑らの調査によると、GHQは日本の敗戦前に、1900
年代にアメリカやイギリスに留学経験のある看護婦をすでに把握しており、
1945（昭和20）年の終わりまでには有能な日本人の看護職を活用する考えを固

めていた (2003)。当時の日本では限定された人材であったとは言え、日本においては戦前から、社会事業に端を発する民間団体における保健婦活動の芽生えがあり、イギリスやアメリカなどの海外で教育を受け、活動を行っていた人材が存在していたこと、GHQ がその情報を早々に把握していたことは特記すべきことである。そして、GHQ が戦後の新体制においても日本人の優秀な看護職を中央や地方のリーダーとして登用していったことも、継続した看護人材育成に弾みをつけたと言えよう。

　公衆衛生福祉局に配属された看護技官は、中央および地方で徹底した指導を行った。前述した Standing Operating Pracedures には可能であれば公衆衛生看護教育を受けたアメリカ軍看護婦を各県に配置することが明記されており、公衆衛生の素地が重視されていた。地方での看護改革も、GHQ による軍政部の看護婦によって進められていった。実際には地方軍政部の看護婦それぞれの持つ熱意や資質によって地方に与える影響に差異があったと言われている（佐藤 2008)。軍政の熱意だけではなく、それぞれの地域の戦争による被害や残存する医療施設の状況、中央政府との受けとめの温度差などの事情の違い、開業医や地方行政庁の有力者の存在も改革過程には大きく影響した。GHQ の看護指導者は当時の日本社会からすれば、急進的な改革を求めたため、地方の改革で看護の発展を妨げようとする動きはいたるところで存在した（島﨑ら 2003)のであった。

　1948（昭和 23）年に保健婦助産婦看護婦法が制定されたことで、看護制度・看護教育改革が断行され、保健婦になるためには、臨床看護の知識と技術を基礎とし、更に公衆衛生および保健婦として活動するために、必要な専門教育を受けることが必要とされた。1949（昭和 24）年厚生省が示した「保健婦業務の指導指針」（2局長 3課長通知）では保健婦の再教育の実施、指導体系や活動の組織的なつながりが具体的に明示され、主として保健所保健婦を対象に 4 か月間の再教育講習会が国立公衆衛生院（現国立保健医療科学院）で実施された。1951（昭和 26）年には「保健婦助産婦看護婦法」の一部改正により、戦前からの保健婦経験者に便宜が図られ既得権者は国家試験または認定講習を受けずに、申請で免許取得可能になった。新制度の第一回目の保健婦国家試験は 1952（昭和 27）年に行われた。GHQ は保健婦の再教育に力を入れ、郡部を含めた地方の人材を

中央の教育機関に集めて再教育を行った。郡部においても、戦前から経験を持つ保健婦だけではなく、看護婦や産婆の経験を持つ人材が必要に応じて駆り出されていった。例えば、地元の役場に乞われて、学校看護婦や助産婦の経験を持つものが保健婦に転向したり、満州等からの引揚者の家族として、開拓地に移り住み、看護婦の経験を活かすものもあった。

　教育レベルに格差があった時代において、一気に高い水準の教育レベルを持つ人材を確保することは困難なことであった。戦後、日本では中央および地方レベルでリーダー層の積極的な人材発掘が行われたことに加え、戦後の看護職の資格制度や再教育においても、戦前からの保健婦経験者には既得権を認め、便宜を図るというある意味現実的な方策が、結果として一定の人材確保と定着につながったと考えられる。

6.　衛生指標に見る改善

　公衆衛生状況の改善を示すときに、しばしば用いられるものが衛生指標、いわゆる健康水準を示す統計資料である。図4-4に1940（昭和15）年から2011（平成23）年までの乳児死亡率・新生児死亡率の推移を示した。1947（昭和22）年での乳児死亡率は76.7（出生千対）・新生児死亡率は31.4（出生千対）という深刻な水準にあったが、その後、乳児死亡率・新生児死亡率は飛躍的な改善を示し、現在では世界有数の水準になっている。とりわけ乳児死亡率の数値に大幅な改善が見られたのは、終戦前の1943（昭和18）年から1947（昭和22）年を除くと、1950（昭和25）年から1960（昭和35）年の間（1950年代）における衛生指標の改善が際立っている。新生児死亡率は周産期医療の管理レベルを示す数値であり、乳児死亡率の推移よりややなだらかながらも、医療機関の整備により着実に改善していった。

　図4-5は都市部・郡部別の乳児死亡率の推移である。都市部と郡部とを比較すると1955（昭和30）年時点で10以上の格差があった乳児死亡率は1960（昭和35）年以降より、その差を縮小してゆき、1975（昭和50）年の時点ではその差はほぼ解消している。新生児死亡率についても同様な推移を示している（図4-6）。1960（昭和35）年は自宅での分娩と施設での分娩がちょうど同数となり、

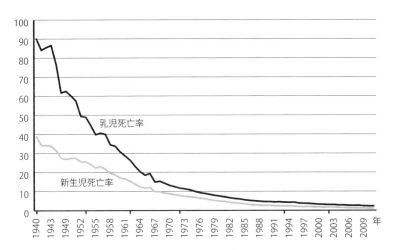

図4-4　1940年から2011年までの乳幼児死亡率・新生児死亡率の推移

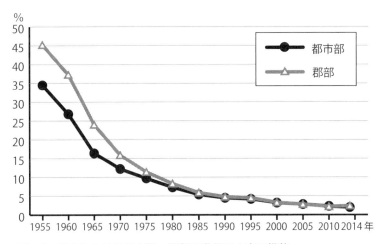

図4-5　日本における都市部・郡部の乳児死亡率の推移

　その後施設での分娩へと移行した時期（**図4-7**）であり、水道の普及率等生活環境や医療機関などの整備が進んだ時代と重なっている。施設分娩の進展はGHQ公衆衛生局の方針に大きな影響を受けている。GHQは医師と看護師による施設分娩を改革の柱の一つとしていた（大林 1989）。当事者である助産師の視点から戦後の出産の施設化の背景を明らかにした唐田（2005）は、GHQの強

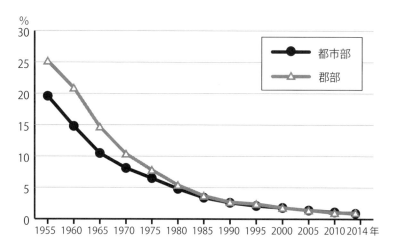

図4-6　日本における都市部・郡部別新生児死亡率の推移

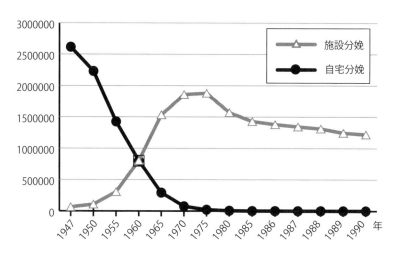

図4-7　日本における施設分娩数と自宅分娩数の推移

力な改革に加え、人工妊娠中絶による出産リスクの上昇と病院への抵抗感の低下、住宅事情の変化、経済の高度成長の中で国民が豊かさを実感し病院での出産へのブームに火が付いたこと等の重層的な背景が作用していったことが施設分娩の進展につながったのではないかと結論づけている。

7. GHQ撤退後の公衆衛生の変化

　丸山 (1987) の表現を借りれば、「憲法第25条の具現を目的として、地方自治の舞台に颯爽として登場した」(p86) 保健所は、「伝染病の防疫、ねずみ昆虫の駆除、食品衛生、母子衛生等に大きな成果を上げた。さらに、医学の進歩および国民生活の向上とあいまって、保健所は国民の平均寿命の延長にも寄与した」。しかし、「夜明けを迎えたのも束の間、早くも保健所に黄昏が訪れた」(p86)。

　1949 (昭和24) 年、冷戦の進行に伴って、占領政策は転換されていった。いわゆるドッジ・ライン[注6]による財政の極端な緊縮政策により、公衆衛生関係の予算や人員は削減されていった。1952 (昭和27) 年にサンフランシスコ講和条約が発効し、日本の主権回復に伴い、GHQが解体され、占領が終了した後、この傾向はさらに強まった。社会保障費が削減され、保健所の豊富なスタッフと幅広い業務を担当する組織も縮小されていった。1953 (昭和28) 年は地方自治法の改正により、昭和の大合併と言われる市町村合併が推進された年であり、保健婦などの数は増えないまま保健所が抱える担当区域が広がり、担当人口が増加した。丸山 (1987) は「保健所も中央集権の末端機構として位置づけられ、第一線機関としてよりは、中心 (核) 機関としての管理機能の強化が図られた。これによって保健所は保守的官僚的な性格を強め、せっかく育ちつつあった職場の民主主義も希薄となり、縦割行政と事務的役所化への傾斜が始まった」と述べている。保健師の歴史研究に長年取り組んできた名原 (1992) は「占領政策で輝かしい発展をした公衆衛生行政は大きく後退」(p42) したと述べ、当時川崎市で保健婦として活動していた橋本怜子 (1993) は後年になって、「昭和27年ごろは戦後の熱気あふれる公衆衛生の高揚期をすぎて (中略) 住民の要望をくみとった業務を企画しても、封建的雰囲気や制約が強く、仕事のやりにくさを感じ始めており、曲がり角の時期」(p19) だったと語っている。こうして、後に雑誌『公衆衛生』に匿名の投稿が行われ、「公衆衛生黄昏論」が登場する (1957 (昭和32) 年) 素地が形成されていった。杉山 (1995) は「各地の保健所で芽生えた地域組織運動がいかに優れたものであっても、こうした大枠の流れに抵抗するにはあまりにも微力であった。上からの改革の枠組みの中で試み

られた実践であっただけに、大きな政治・経済状況の変化に対抗するだけの基盤はもっていなかったのである。占領初期に形作られた『理想的』保健所の基盤はこうしてもろくも崩れ去った」(杉山 1995：184) と分析している。

　名古屋市の保健所職員であった田倉 (1982) は「公衆衛生たそがれ論」は戦後保健所の一つの行きついた姿であると指摘している。田倉は、1955 (昭和30) 年前後から産業優先政策のもとで、人口の流動化や核家族化の進展が進み、国民生活が大きく変化したこと、新たな社会保障制度として1961 (昭和36) 年に国民皆保険制度[注7]が成立し、医療優先の流れができていったことで、戦後の保健所を支えてきた理念が、その基盤を喪失したことを背景として述べ、「急速に変ぼうしてくる国民生活、国民保健の現状を一方では意識しながらも、それに有効に対処する手立てを保健所全体としてはもてず、中央行政策を地方で一生懸命実施することに止まらざるをえない状況におかれていった」(田倉 1982：169-171) のではないかと結論づけている。

　戦後、公衆衛生分野において強力な介入を行ったGHQが撤退し、戦後の公衆衛生をリードしていた保健所においては「黄昏論」に見られるような停滞ムードが漂う一方で、人々の健康課題の多様化に対応するべく、現在の日本における公衆衛生の基盤となる法制度が整えられ、母子保健や結核対策をはじめとする多様な保健事業は継続されていった。いわゆる保健サービスといった意味では拡大、細分化していき、専門家としての機能を保健サービスとして提供する活動は現在に至るまで継続発展している。一方で経済を優先する高度経済成長政策のもと、1960年代においては、水俣病、新潟水俣病、イタイイタイ病、四日市ぜんそくなどの四大公害病をはじめとする公害問題の激化に加えて、森永ヒ素ミルク中毒、サリドマイド、ポリオなどによる深刻な健康被害が相次いだ。戦後、保健所や厚生省で勤務していた大谷は、戦後の公衆衛生のリーダーであった橋本との対談 (1990) の中で「昭和30年代から40年代に公害問題が大きくなってきた時に、保健所にそれに対応するだけの能力がなく、また姿勢としても地域住民の側に立って共に問題にするという姿勢が弱かったのではないか」(p37) と語っている。地域レベルで発生した原因不明の健康問題として把握された公害問題に果敢に取り組んだ公衆衛生関係者も存在したものの、当時の社会問題に対して、保健所の取り組みは概して消極的であった印象は否めない。

　戦後、保健所はGHQの強力な改革のもと、公衆衛生の第一線として位置づ
けられた。近代的な保健所の成立は、外部者であったGHQと受け入れ側で
あった日本とのせめぎ合いともいうべき交渉の中で形づくられたものであっ
た。戦前からの公衆衛生関係者の悲願が込められた新しい保健所の設置に、多
くの公衆衛生関係者が鼓舞された。しかし、その後の行政改革による影響や
「国民皆保険」による、予防よりも医療を優先する政策への流れなどから、保
健所の果たす役割に疑問を呈した保健所黄昏論が登場するに至る。1965（昭和
40）年ごろから1974（昭和49）年にかけての日本における高度経済成長は、公
害問題に代表される深刻な住民の健康被害や住民の生活基盤の変化をもたらし
た。たとえ、個々の公衆衛生関係者が深刻な健康課題に直面し、果敢に立ち向
かおうとしても、社会問題として切り込んでいくには、行政機関としての大き
な壁があった。保健所が一行政機関として、大きな社会変化を背景とする住民
の健康課題に立ち向かう機関になり得るには、余りにも限界があったと思える
のである。

[注]

1　米国メリーランド州にある米国国立公文書館に保管されていたGHQ/SCAP Recordsは日本に
　おいても国立国会図書館が1978（昭和53）年～1993（平成5）年にかけてGHQ/SCAP Recordsを
　マイクロフィッシュ化したため、軍政資料室にて1988（昭和63）年9月より閲覧可能となった。
2　日中戦争の長期化に対応すべく1938（昭和13）年に制定された「国家総動員法」のもと、国は人
　口を増やし、健康な国民や兵隊を育てるための「健民健兵政策」を推進した。
3　「新らしい保健所」は以下のYouTubeより視聴することができる。https://www.youtube.
　com/watch?v=oPNE-Wo_Zh0&feature=youtu.be&t=95
4　終戦後、崩壊の危機に瀕していた国民健康保険制度は1948（昭和23）年に国民健康保険事業が市
　町村の公営事業が原則になり再建される。1952（昭和27）年に国民健康保険奨励交付金制度によ
　り、財政が安定し、1954（昭和29）年から保険事業を再開する市町村が増加し、1957（昭和32）年
　に全県へ普及することになった。保険事業を担ったのが、市町村における「国民保険組合保健
　婦（国保保健婦）」である。国保保健婦の身分は市町村吏員となり、給与は保険者である市町村か
　らとなった。国保保健婦は医療費の抑制に貢献する役割を求められた。国保保健婦は1978（昭
　和53）年に衛生行政の担い手として市町村の保健婦として位置づけられた。
5　オルトはジョンズ・ホプキンス大学で公衆衛生学の修士号を取得のために途中1年間帰国し
　ている。
6　ドッジ・ラインとは、1949（昭和24）年にGHQの経済顧問であるアメリカ人銀行家ジョセフ・ドッ
　ジの指導のもとに吉田内閣が実施した経済財政政策を指す。戦後のインフレを終息させ、日本
　経済の安定と自立化を目的としたもので、財政の均衡、徴税の促進、融資制限、賃金の安定、
　物価統制、貿易・為替の管理、輸出振興、生産増強、食糧供出の促進という経済9原則を具体

化することになった。経済政策の中で政府の財政支出の削減が徹底的に行われた。ドッジ・ラインは日本の財政再建を実現した半面、深刻な不況と社会不安をもたらしたが、1950（昭和25）年に勃発した朝鮮戦争により朝鮮戦争特需がもたらされ、一気に好況へと転じた。

7　日本における国民皆保険制度は、SDGsで掲げられている3番目の目標である「すべての人に健康と福祉を」の中でユニバーサルヘルスカバレッジ（Universal Health Coverage: UHC）；（すべての人が適切な健康増進・予防・治療・リハビリに関するサービスを支払い可能な費用で受けられる）における成功例としてしばしば紹介される。日本においても国民皆保険制度が実現される前は、医療にかかることができない国民が多く存在した。1956（昭和31）年の厚生白書には当時、国民のおよそ3分の1に当たる約3000万人が公的医療保険に未加入であったという報告があり、「国民皆保険」の達成は日本の社会保障の大きな課題となっていた。その後、1958（昭和33）年に新しい「国民健康保険法」が制定され、1961（昭和36）年に現在の「国民皆保険」が完成することになった。（参考　日本医師会　https://med.or.jp/people/info/kaifo/history/）

参考文献

橋本正巳・大谷藤郎（1990）『対談　公衆衛生の軌跡とベクトル』医学書院

橋本怜子（1993）「土曜会の実践活動から学んだもの」自治体に働く保健婦のつどい編『土曜会に参加した保健婦たち』自治体に働く保健婦のつどい

石橋卯吉（1973）「この人が語る　占領体制下の防疫対策」『医療と人間と』1号

金城英子（1992）「戦後から本土復帰までの活動」厚生省健康政策局計画課監修『ふみしめて50年：保健婦活動の歴史』日本公衆衛生協会

唐田順子（2005）「戦後日本における出産の施設化の背景：当事者である助産師の視点から」『日本助産学会誌』第18巻第3号

木村哲也（2012）『駐在保健婦の時代：1942-1997』医学書院

丸山創・山本繁編著（1987）『自治体における公衆衛生』医学書院

名原壽子（1992）「駐在性の今昔：保健所保健婦の活動形態」厚生省健康政策局計画課監修『ふみしめて50年：保健婦活動の歴史』日本公衆衛生協会

大林道子（1989）『助産婦の戦後』勁草書房

小川寿美子（2018）「戦後沖縄の地域保健：人材確保と定着化をめざして」中村安秀編著『地域保健の原点を探る：戦後日本の事例から学ぶプライマリヘルスケア』杏林書院

坂本真理子（2018）「開拓保健婦の足跡」中村安秀編著『地域保健の原点を探る：戦後日本の事例から学ぶプライマリヘルスケア』杏林書院

佐藤公美子（2008）『わが国の占領期における看護改革に関する研究』風間書房

ライダー島﨑玲子・大石杉乃編著（2003）『戦後日本の看護改革：封印を解かれたGHQ文書と証言による検証』日本看護協会出版会

杉山章子（1995）『占領期の医療改革』勁草書房

竹前栄治・中村隆英監修（1996）『GHQ日本占領史　第22巻公衆衛生』日本図書センター

田倉保男（1983）『保健所史　名古屋市を事例として』

田中誠二・杉田聡・森山敬子・丸井英二（2007）「占領期における急性感染症の発生推移」『日本医史学雑誌』第53巻第2号

第二部
高度成長を準備した
ローカルな状況

第5章　資源エネルギー開発としての炭鉱

—旧産炭地田川から見た日本の「発展」と「開発」経験

佐野　麻由子

1.　はじめに

　第2章では、国際関係の中で石炭産業の盛衰を捉えた。本章では、旧産炭地の筑豊の田川における石炭産業の盛衰の影響を、地域における経済資本、経済資本の蓄積に関わる人的資本、社会関係資本の欠如という観点から分析し、それは、どのような日本の開発経験、発展経験の中で生み出されたものなのか、どのような日本の開発経験、発展経験の特徴を表象しているのかを考察する。

　事例として扱う福岡県田川市は、全国で3分の1の出炭量を誇り日本の近代化、戦後復興を支えた主要産炭地の筑豊地域（以下、筑豊）に位置する。日本有数の産炭地として繁栄した田川市の人口1人当たりの市町村民所得は、今日、福岡県の平均よりも低く[注1]、完全失業率も福岡市5.1％、北九州市5.5％と比べて8.1％と高い（総務省統計局 2015[注2]）。政府がエネルギー構造の転換を図る1955（昭和30）年までの生活保護の受給者は、全国の平均よりも少なかったが、その後、状況は逆転し、現在でも全国平均を上回っている。福岡県立大学附属研究所が福岡県の委託により行った『田川郡における被保護者の自立阻害要因の分析』(2008) などの研究蓄積からは、3分の1が保護の世代的再生産で、その約8割が炭鉱閉山後の2世、3世世帯で、特に母子家庭が多く見られることが指摘されている（高間 2012）。田川市の金川小学校で「おつり」といった学習に必要な基本的な知識や経験が身についていない子どもたちの存在を契機に実施された「就学前実態調査と学力査定の相関一覧表」からは、学力は、家庭の経済力やそれによって整えることができる物理的な学習環境、親の教育意向、文化的素養に影響を受けることが明らかにされた。また、仕事が多忙で子どもに向き合えない親や家庭内の不和などの社会関係資本上の問題が子の学力に与

える影響も示唆された（「金川の教育改革」編集委員会 2006）。

　ある人々の経済資本、文化資本、社会関係資本の蓄積が妨げられるような状況は、石炭産業の盛衰、その背景にある日本の開発・発展の中でどのように生み出されていったのだろうか。

2.　旧産炭地域における筑豊地域の位置づけ

　日本には、九州、宇部、常盤、北海道に主要産炭地があるが、その大部分を占めていたのが九州[注3]で、福岡県においては旧産炭地域が面積の57％を占めた。その中でも、筑豊[注4]は、全国で3分の1の出炭量を誇る主要産炭地であったため（**表5-1**）、世界的なエネルギー転換の影響を受けた。産業は生活インフラと強く結びついていたため、産炭地域問題は、閉山による失業という経済的問題だけでなく社会資本の崩壊を包含した（蔦川 1981：180）。

　産炭地問題が深刻で「産炭地域振興臨時措置法施行令」の援助政策を最も多く受けた地域は、「産炭法」第六条の対象地域であることから六条地域と呼ばれた。六条地域は、福岡県に24か所あり、筑豊の直方市、飯塚市、田川市、山田市、中間市が含まれた。ここからも筑豊における閉山の影響の深刻さが理解できる。

表5-1　総出炭量（単位1000トン）

西暦	和暦	全国出炭量	筑豊出炭量	筑豊の占める割合	筑豊の炭鉱数（　）は田川	筑豊の常備労務者数（　）は田川	備考
1950	25	38459	12490	32%	259 (68)	120292 (33713)	
1951	26	43312	13568	31%	265 (73)	125155 (36117)	
1952	27	43359	13087	30%	243 (67)	124262 (36039)	
1953	28	46531	14108	30%	247 (68)	104545 (30183)	
1954	29	42718	12928	30%	216 (55)	93132 (26189)	炭価急落
1955	30	42423	12782	30%	246 (64)	92729 (25939)	石炭鉱業合理化臨時措置法
1956	31	48281	13958	29%	235 (60)	93565 (25636)	
1957	32	52255	14972	29%	233 (61)	96399 (27738)	
1958	33	48489	13679	28%	188 (42)	87760 (23931)	
1959	34	47886	12955	27%	168 (44)	75895 (21574)	
1960	35	52607	13598	26%	170 (49)	66400 (18554)	

1961	36	55413	12732	23%	160 (43)	53253 (13861)	産炭地臨時措置法
1962	37	53587	12089	23%	110 (39)	40343 (11851)	石炭調査団答申後の雪崩閉山
1963	38	51098	10284	20%	79 (32)	26956 (6485)	
1964	39	50774	9966	20%	69 (28)	24822 (6779)	
1965	40	50113	5546	11%	63 (27)	19950 (5783)	
1966	41	50554	2245	4%	56 (26)	20187 (5967)	
1967	42	47057	7745	16%	43 (23)	14478 (3972)	

出所：1950 〜 1955 年度については、通商産業大臣官房調査統計部昭和 30 年度『石炭コークス統計年報』「1. 地方別炭種別出炭」、1956〜1959 年については、通商産業大臣官房調査統計部昭和 35 年度『石炭コークス統計年報』「3. 炭田別出炭」、1960 〜 1967 年については通商産業大臣官房調査統計部昭和 42 年度『石炭コークス統計年報』「4. 炭種別、炭田別生産　総括表（その1）」を参照し、筑豊の炭鉱数、筑豊の常備労務者数については、『飯塚市誌』1975: 850；清田 2000: 4 頁を参照し筆者作成

　製造鉱業の発展が目覚しく、炭鉱業に関連して鉄鋼業や化学工業が発展した地域や欧米の最新技術を取り入れる自然条件を有していた地域では、筑豊ほどの影響を免れていたことから（徳本・依田 1963: 25-26）、農地面積の 2 倍半に達する鉱区面積を誇り（九州大学産炭地問題研究会 1964: 139; 蔦川 1981: 180）、約 80 年にわたってモノカルチャー経済が確立されたことが、筑豊の疲弊の要因の一つと言ってよいだろう。

3.　日本の近代化過程における産炭地の礎の形成

3.1.　九州におけるモノカルチャー経済の確立

　筑豊では、どのようにモノカルチャー経済が確立されたのか、どのような人々がそこに集まり、なぜ滞留することになったのか。

　九州における石炭採掘の中心は舟運の便や炭層が採炭に適していた現在の佐賀県に当たる肥前唐津炭田にあった。しかし、1877（明治 10）年に筑豊炭田の開削がはじまると、生産の拠点は筑豊に移った。筑豊御三家と呼ばれる麻生太吉（1857 〜 1933）、貝島太助（1845 〜 1916）、安川敬一郎（1849 〜 1934）による地方財閥が登場し、1887（明治 20）年頃からは三井、三菱、住友などの中央巨大資本が筑豊に進出する石炭ラッシュの時代を迎え、石炭産出に特化したモノカルチャー経済が確立された[注5]。

　田川地域は、もともとは優良な河川に恵まれた先進農業地帯であったが、

表5-2　筑豊御三家、中央資本の筑豊進出

1883 年	明治 16 年	麻生太吉、鯰田坑区 1 万 7000 坪を福岡県より譲り受け、鯰田坑の坑区を拡張	1889（明治 22）年　三菱へ鯰田炭坑売却 1894（明治 27）年　住友へ忠隈炭坑売却 1907（明治 40）年　三井鉱山へ藤棚・本桐二炭坑売却
1885 年	明治 18 年	貝島太助、鞍手郡大隈村代ノ浦の坑区に更に新区を購入。増区して大之浦炭坑と呼称	
1887 年	明治 20 年	安川敬一郎、大城炭坑（穂波郡頴田村）を白土武市より譲り受け竪坑開削に着手	
1889 年	明治 22 年	三菱（鯰田、新入）日本郵船（勝野）	
1892 年	明治 25 年	三菱、碓井炭坑第一坑を嘉穂郡碓井村字臼井の借区内に開坑	炭坑絵師山本作兵衛翁誕生 筑豊炭田の出炭量が 100 万トンを突破
1894 年	明治 27 年	住友（忠隈）	
1895 年	明治 28 年	三菱（上山田、三十一年開坑）	
1896 年	明治 29 年	三井（山野、三十一年開坑）	
1900 年	明治 33 年	三井鉱山は田川採炭組から伊田・弓削田等の坑区を買収	
1904-1905 年	明治 37-38 年	日露戦争	
1918 年	大正 7 年	三井田川鉱業所と改称	

出所：田川市立図書館デジタルアーカイブ『筑豊石炭礦業史年表　5. 明治 29 年～明治 45・大正元年』、田川市「明治期の筑豊炭田」を参照し筆者作成

1880 年代にはいると、大手資本の鉱山開発が進んだ。

　1900（明治 33）年に財閥系の三井鉱山が田川採炭組を買収し三井田川鉱業所を開業、1910（明治 43）年に伊田竪坑二本を開削して規模を拡大、三井田川炭鉱の基盤を築いた。三井田川炭鉱は、1918（大正 7）年三井田川鉱業所と改称し、翌年には鉱員数 1 万 6438 人、職員数 571 人を擁する筑豊炭田を牽引する大炭鉱となった[注6]。1904（明治 37）～ 1905（明治 38）年の日露戦争により石炭需要は増加し、「筑豊には五円（現在の一万円程度）以下の金はない」好景気に沸いた[注7]。

　同じ筑豊の直方や飯塚は宿場町や船着場町としての歴史を有していたのに対

し、田川は「家並みまばらな丘陵地に忽然と出現した開拓的な町で、石炭産業に依存するほかに何もない多様な発展を塞がれた地域社会」を形成することになった。石炭に依存する経済発展は労働力不足や鉱害による農地陥没で農業を衰退させた（以上、清田 2000: 2）。既にこの時期に、経済資本の欠如を招くモノカルチャー経済の土台が構築されたことが確認できる。

3.2.　石炭産業における二重労働市場の成立

　モノカルチャー経済と同様に、労働者の経済資本の欠如を招く要因になった二重労働市場の成立についても触れる。

　日本では1869（明治2）年に身分制度が廃止されたとはいえ、炭鉱労働者は自由な賃労働者ではなかった。明治期の炭鉱労働者は、納屋と呼ばれる合宿所に収容され、炭鉱の請負業者に当たる納屋頭や小頭の監視下に置かれ労働に従事した。こうした前近代的な労務管理方式は、納屋制度と呼ばれる。

　藤本（1984）は、労務供給業者（組頭）は、（1）労働者の募集、（2）労働者の指導や監督、（3）賃金の管理、（4）住まいや食事の提供、高額の物品販売などの生活管理、前貸し金による拘束などの役割を担っていたことを明らかにし、特に、労賃からの中間搾取関係が納屋制の本質に関わるものであることを指摘した（藤本 1984）。

　しかし、1888（明治21）年に三宅雪嶺主幹の雑誌『日本人』第六号に納屋制度の惨状が掲載されたことを契機に、1897（明治30）年頃から納屋制度は相次いで廃止され、1922（大正11）年に国会で納屋制度廃止が議決された。筑豊御三家のひとり安川敬一郎を筆頭に大手炭鉱では直接雇用への切り換えが行われたが、上野英信（1994）の『追われゆく鉱夫たち』からは、中小炭鉱では戦後まで納屋制度が存続していたことがうかがえる。つまり、この時期から石炭産業においては、相対的に高賃金、良好な労働条件に特徴づけられる第一次労働市場と賃金や労働条件が劣る第二次労働市場という二重構造ができあがり、その後継続していったことがうかがえる。また、中小炭鉱では、賃金の支払いは現金ではなく、炭鉱の売勘場でのみ通用する私製の紙幣「炭鉱札」でなされる搾取も行われ、閉山と同時に一銭も手元に残らず苦境にたたされる鉱夫を生み出した。納屋制度が、同じ炭鉱労働者間の分断といった社会関係資本、劣悪な労働

条件の結果としての経済資本の欠如の一因になったことは想像に難くない。

3.3.　ブームタウンの形成

　石炭産業は、学校や病院を整備するなど、地域の社会資本と深く関わっていた。

　炭鉱労働は、地底の苦役作業であり危険を伴うことから労働力の確保は困難を極め囚人が使用されていたが、「家督」を長男しか相続できないことを定めた1898（明治31）年の『民法』により、農家を離れた二、三男女の吸収先になった。筑豊の炭鉱では、日露戦争による石炭需要の拡大に伴い、他県でも労働者の募集がなされた。1906（明治39）年の主要炭鉱における県外出身者の割合は平均56%で、過半数を県外出身者が占めた。その多くは九州の宮崎、鹿児島、熊本の他、四国や中国の各県にまたがっていた（以上、高橋・若林 1990: 47）。一般に日本の賃金は先進諸国と比べて、低水準であった。その中でも、炭鉱労働者の賃金水準は、諸産業部門の中で最も低く収奪されていた（Hoshino and Iijima 1992）。それでも当時、日本全体が貧しく[注8]、筑豊は近隣地域から職を求める多くの人々を引き寄せ、炭鉱町を形成した。いわゆるブームタウンである。石炭産業の発達に伴いインフラの整備も進んだ。例えば、三井田川鉱業所は、労働者やその子弟のために1902（明治35）年に私立・三井田川尋常小学校、直営の三井田川炭鉱医局を設置し、今日の社会資本の基盤を用意した[注9]。

　他方で、炭鉱では内外の出入りは管理され、炭鉱が賃金回収を目的に設置した売勘場により物資の自然な流通が制限され、労働者は地域社会から切り離された（永末 1973: 115）。

表5-3　田川郡在住者の出生地

	総数	福岡自町村	福岡他市町村	他府県	その他
男女計 1925（大正14）年	156421	68754 (44.0%)	43905 (28.1%)	42832 (27.4%)	930 (1.0%)
男女計 1930（昭和5）年	153375	73843 (48.1%)	46596 (30.4%)	31445 (20.5%)	1491 (0.6%)

出所：九州経済調査協会「田川市経済調査報告」1960 年より作成

3.4.　炭鉱労働者への差別

　1982（昭和57）年に福岡県宮若市の宮田教会の服部団次郎牧師によって建立

された炭鉱犠牲者復権の塔が象徴するように、炭鉱労働者は差別と無縁ではなかった。服部牧師は、「人間としての権利を与えられないまま死んでいき、忘れられようとしている犠牲者の権利回復を宣言する塔を建てよう。そのことによって、すべての差別を超えて一人一人がかけがえのない人間としての復権を確かめ合い、今失業者として非人間化され、自らを捨てられた者と絶望している人々の自尊心と人間性を回復して、自主性を取り戻す一助ともなりたい」と述べている[注10]。「炭鉱と人権（前編）」の中で、阿蘇田川市石炭歴史博物館長は、児玉音松（1902）『筑豊鉱業頭領伝』を引用し労働者出身の明治期の炭坑王貝島ですら、炭鉱労働に対し蔑視感を抱いていたことを示している。

　往年の炭鉱では、炭鉱労働者間の差別もあった。炭鉱労働者の経験を持つ作家の上野英信は、「部落民なるがゆえの差別は、単に納屋や便所や浴場の区分にとどまらない。明治の中期ころまでは部落民を採炭作業に従事させないヤマさえあったという。［略］ともに地底の闇にとじこめられた「下罪人」として、生きた「ガンヅメ」[注11]として働きながらなおかつ特殊の存在として「ガンヅメ」の蔑みに耐えなければならなかった人々の屈辱は重たい」と記した（上野 1967：130-131）。

　地域住民との交流が途絶えた中で炭鉱労働者に対する偏見が受け継がれた（永末 1973：115）。こうした状況が、脆弱性の高い人々の社会関係資本蓄積の妨げの背景にあったと考えてよいだろう。

4. 戦後復興期の石炭をめぐる開発・発展プロジェクト

4.1. GHQの統治下での開発：傾斜生産方式の推進（1946 ～ 1948 年）

　時代は終戦を迎えた日本に遡る。1945（昭和20）年に終戦を迎えた日本では、1946（昭和21）年より GHQ の統治下で、「経済と国民の生活の安定」という開発目標を達成するための国家主導の産業の浮揚、民主的理念に則った労働者の権利拡張が図られた。

（1）モノカルチャー経済の強化

　1946（昭和21）年12月に石炭・鉄鋼の増産に集中する傾斜生産方式が閣議決

定され、1947（昭和22）年には臨時石炭工業管理法（1950年廃止）が制定され、石炭産業を国の管理下におき増産が急がれた（小田野・荒谷 2007：117-136）。傾斜生産方式は、アメリカと日本の非対称的な関係の中で、途上国日本の経済浮遊のための石炭増産という目標が設定され、その実現のためにアメリカから資源が投入されたという点で、近代化論的な経済開発モデル「ビッグ・プッシュ・モデル」と言える。傾斜生産方式のもと、筑豊におけるモノカルチャー経済はさらに強化された。

　地域経済活性化のための収益の多角化が常識となりつつある今日からみれば、特定の資源に依存したモノカルチャー経済は、安定的成長のリスク要因とされる。したがって、GHQ の統治下での傾斜生産方式の推進は、閉山後の経済資本の欠如の舞台装置を用意したと言ってもよい。

（2）傾斜生産方式の推進下での急速な都市化と希薄な地域アイデンティティ

　傾斜生産方式のもとで、労働者の確保が急がれた。敗戦によって植民地労働者は解放され、九州では炭鉱労働者が終戦時の半分にまで減少した（永末 1973：188）。労働者の不足を補うべく国が浮浪者（児）を集め半ば強制的に炭鉱に送致したこともあったが（岩田 2017：62）、賃金、食糧、住宅等の支給といった労働条件が、多くの労働者を産炭地に惹きつけた。石炭増産を支えるための一連の炭鉱労働者優遇政策により、大手炭鉱に限っていえば、炭鉱夫、坑内運搬夫の賃金倍率は全産業90種の中で最高水準に達し、石炭産業労働者の平均月間現金給与額は製造工業を上回った（木下 1957：98）。また、1947（昭和22）〜 1948（昭和23）年にかけて全国で新規に設置された炭鉱住宅は、12万戸に及んだ（朝日新聞西部本社編 1970：367、368）。「炭鉱にいけば、衣食住の心配はない」と戦災者、引揚者、復員軍人が集まった。

　炭鉱労働者において戦災地域である兵庫、大阪、愛知、東京等出身者の割合が急激に増加した（高橋・若林 1990：49）。九州においても、1935（昭和10）年と1948（昭和23）年の全九州の炭坑労働者の出身地の構成比を見ると、近畿、中部、関東の出身者が増加していることがわかる。

　炭鉱労働者は一般に食糧が不足する中で、遅滞なく供給されたことに感謝し、1946（昭和21）年春頃より労使協調の救国石炭増産運動、祖国復興石炭増産運動

表5-4　戦前・戦後の全九州炭鉱労働者出身地構成比（%）

	九州	中国	四国	近畿	中部	関東	その他
1935（昭和10）年 6 月	82.5	7.2	5.4	0.6	0.4	0.2	3.7
1948（昭和23）年 3 月	77.8	6.3	5.2	5.1	3.2	1.3	1.1

出所：高橋（1962）を参照し筆者作成

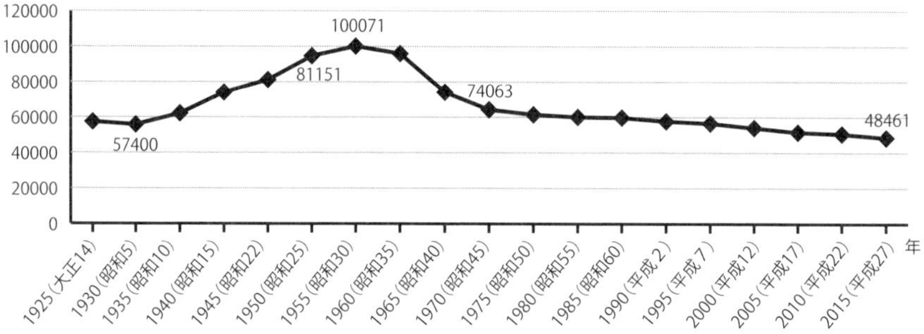

図5-1　田川市の人口の推移（1930-2015）
出所：1925（大正14）年から2010（平成22）年については国勢調査を、2015（平成27）年については田川市ホームページを参照

を主唱した[注12]。九州の全炭鉱でも日本鉱山労働組合の主導で8月1日から1か月間救国増産運動が実施されたことが当時を物語っている（永末1973：190-191）。

　田川市[注13]では、傾斜生産方式が閣議決定された1946（昭和21）年から人口が増加し1955（昭和30）年には10万人の大台にのった。この時期の同市の人口構成については、戦前に比べて有配偶率が高く、「労働のための街、飯場的な街」というよりは家庭生活の場になっていたことが指摘されている（文屋2000：16）。戦前戦中の炭鉱町は労働の場として、戦後は家庭生活の場として急速な都市的発展を遂げたことが、転入者に対する閉鎖性を弱める一方で、市民的アイデンティティの醸成を難しくした（文屋2000：20-21）[注14]。

　傾斜生産方式下での急速な都市化と希薄な地域アイデンティティは、閉山後の地域社会に影を落とすことになる。

（3）GHQ の介入でも進まなかった第一次労働市場への労働者の包摂

　第一次労働市場に包摂された労働者は、民主化の一環で労働組合の組織化に積極的だったGHQの介入の恩恵を受けた。1945（昭和20）年10月のGHQの5

大改革指令での方針に則り、日本では1945（昭和20）年12月の労働組合法、1946（昭和21）年9月の労働関係調整法、1947（昭和22）年4月の労働基準法が相次いで制定され、全国で労働組合が結成された。石炭産業では、大手炭鉱の他、一部の中小炭鉱において経営者が敗戦の壊滅的打撃にうちひしがれる中、続々と労働組合が結成された（永末 1973：189）。

　筑豊では、1945（昭和20）年10月に中小炭鉱の昭嘉炭鉱で初めて組合が結成された。12月には、日炭高松炭鉱で、治安維持法で投獄されたのちに労働者として入坑していた労働運動家山本経勝の指導により各坑ごとに結成された（永末 1973：189）。しかし、零細な中小炭鉱では、組織化は炭鉱主の弾圧によって進まず、また、炭鉱主の制裁を恐れた他鉱の労働組合からも排除され、労働者は戦前と変わらない劣悪な労働条件下に置かれた。

　納屋制度は、前近代を象徴するものであるから、筑豊の石炭産業の労働市場は、GHQの統治下でも近代と前近代の二重構造だった。なお、経済の二重構造、すなわち、近代的大企業と前近代的な労使関係に立つ小企業および家族経営による零細企業と農業の分化は、経済企画庁（1957）『年次経済報告　速すぎた拡大とその反省』で指摘されているように、日本の他部門における課題でもあった[注15]。日本では、資本主義のスタートが遅れ、それだけに経済発展が著しく圧縮された形をとったことがその要因であると考えられた。経済の二重構造は、『年次経済報告　豊かさへの挑戦』が出された1969（昭和44）年まで続いた。

　次項で見るように、二重構造のまま石炭産業が迎えた合理化の波は、第一次労働市場の労働者はもとより、第二次労働市場の労働者に大きな打撃を与えた。

4.2.　GHQの統治下での開発：GHQの政策転換とその煽り（1948～1952年）

　この時期、日本は、「反共」「自由経済」「合理化」「効率重視」というアメリカによって牽引された開発文化、アメリカ内部の政治事情を背景にした統制経済体制から自由経済体制への政策転換という開発を経験した。その意図せざる結果として石炭不況、石炭産業の「内在的矛盾の進化」を経験した。

（1）ドッジ・ラインによる統制経済体制終了による合理化の洗礼と石炭不況

1948（昭和23）年12月の傾斜生産方式の終了、1949（昭和24）年2月のGHQ

経済顧問として訪日したデトロイト銀行頭取のジョゼフ・ドッジによる財政金融引き締め政策ドッジ・ラインにより政策転換が図られた。GHQは日本に対し、公定価格に支えられてきた統制経済体制を需給と競争に基づく自由経済体制に転換させ、1ドル360円の固定為替レートで国際競争に耐えるだけの経済的自立を求めた。アメリカの政策転換の背景には、GHQ内部でのニューディール政策推進派から自由経済推進派に主導権が移行したこと、1949（昭和24）年の冷戦体制の形成という国外事情が大きく関わっていたとされる。

　石炭産業は、長らく配炭公団が炭鉱業者から石炭を買い入れ、消費者炭価を低く抑えて販売し、その差額を国費による価格差給付金で補うといった国家の統制下に置かれてきた。これにより低品位の石炭を生産する中小炭鉱でも経営が成立した。しかし、自由経済体制への転換が急がれる中で石炭需要は急激に減少し、増産活動の成果により石炭の供給が需要を上回ったこともあり、戦後1回目の石炭不況（1948－49）を迎えた。

（2）労働者へのしわ寄せ

　ドッジ・ラインにより、あらゆる補助金や金融金庫の新規貸し出しが停止された。これによる人員整理は、製造、電気通信、運輸等の大手企業だけでなく、国鉄などの公共団体、行政機構を含むあらゆる領域に及び、日本全体で失業者が増加した（岩田 2017：68）[注16]。

　無計画的、近視眼的な採炭、中小炭鉱労働者の極端な低賃金を媒体として利潤搾出構造を維持してきた石炭産業では、労働者の状況はさらに悪化した（木下 1957：60-123）。労働者は、実質賃金の低下とともに「水道料、電気料、ガラ代、豆炭、槙代の適正価格への引き上げ、配給所、病院の採算化・縮小、衛生夫、風呂焚き、掃除夫、床屋の人員整理、農園、硬管理の廃止、裁縫学校、幼稚園の縮小、鉄工場、循環映画の廃止、衣服更生、靴修理の受益者負担等、付帯事業の整理、採算化」といった福利厚生切り下げの憂き目にあった（戸木田 1989：49）。累積赤字を抱えていた企業では、賃金不払いも生じた。失業と地域の共同生活条件としての社会資本の崩壊という意味での産炭地問題は、この時既に始まっていた。

　合理化の過程では出炭能率を向上させるために労働強化、労働時間の延長が

行われた。その結果、炭鉱災害も増加した。1950（昭和25）年に入り、技術的、施設的改善が行われ発生件数は減少したものの、労働強化が災害を生み出すという構造は変わらなかった（同：50-51）。炭鉱労働者の資本の欠如は、国策による産業保護が、もともと経営意識が希薄だった石炭産業を「スポイル」した結果、ドッジ・ラインが引き金となって生起された問題であると言ってよいだろう。GHQ 介入の意図せざる結果であった。

　しかし、1950（昭和25）年に朝鮮戦争が勃発すると、石炭不況から一転して、石炭の需要が高まり、1951（昭和26）年に戦後最高の生産高を記録した。炭価も1年間で1トン当たり2000円から2500円に跳ね上がった。田川市では1950（昭和25）年10月21日と22日に戦後初の炭都祭が開催され、炭坑節の踊りが繰り出し、商店街は活気を取り戻した（宮田 2016：228）。これにより不幸にもドッジ・ラインで突き付けられた高炭価問題の構造的要因は解決されることなく、石炭産業の「内在的矛盾は進化[注17]」し閉山への道筋を用意した。

4.3.　独立後の日本の発展：政府によるエネルギー政策の転換（1952〜1962年）

　この時期に日本は、アメリカからの独立を果たし、政治面だけでなく、経済面での自立[注18]、日本経済の近代化[注19]が争点となる中で1955（昭和30）年の総合エネルギー政策下で、GHQ の方針を引き継いで石炭産業の合理化推進、1962（昭和37）年の石炭政策大綱による石炭から石油への転換が実施された。

（1）スクラップ・アンド・ビルド：国家プロジェクトの影響

　朝鮮特需による「石炭の天下」は、長くは続かなかった。石炭業界は、1952（昭和27）－ 54（昭和29）年に再び不況に直面した。長年国策によって保護されてきた石炭産業における合理化・効率化は進まず、政府は1955（昭和30）年に総合エネルギー対策を発表、5年間を期限に石炭鉱業合理化臨時措置法を施行した。この法律は、生産性の低い炭鉱を整理し、生産性の高い炭鉱に労働力と資本を集中させる立坑開発を中心とする合理化の促進と石炭鉱業整備事業団による非能率炭鉱の買い上げ整理というスクラップ・アンド・ビルド政策によって石炭鉱業に輸入エネルギーに対抗しうる競争力をつけることを意図した。

　筑豊では、1953（昭和28）－ 54（昭和29）年に炭鉱の廃坑が相次ぎ、1955（昭

和30）年までに9万人の離職者が出た^{注20}。田川市には1951（昭和26）年当時、大中小あわせて70ほどの鉱山^{注21}があり、3万6000人が石炭産業に従事していたが、最初に中小炭鉱で雪崩的な閉山が起きた。石炭産業を基幹としていた田川市の税収は減少する一方で、鉱害復旧、失業対策費が増し、1955（昭和30）年に財政破綻を迎えた（光本 2007: 197-198）。

（2）スエズ運河停止、神武景気のいたずら：国内外の動向の影響

　中小炭鉱が相次いで閉山する中で、神武景気（1954（昭和29）年 12月〜57（昭和32）年6月）、異常渇水、スエズ運河の運航停止（1956（昭和31）年7月〜1957（昭和32）年3月）により再び石炭の需要が高まった。これを受け、政府は、1958（昭和33）年9月に合理化措置法の改正を行い、非能率炭を買い上げるのと同時に、新炭田開発により生産能率を23.5トンに増やすこと、同法を67（昭和42）年まで10年間に延長する拡張政策を決定した。しかし、これがエネルギー革命に危機感を持っていた関連産業に歓迎されることはなく、同年12月の合理化基本方針の答申以降、石炭業界の自主性に任せていた合理化への政府の積極的介入につながった。合理化の締め付けは、労働運動に火をつけ1960（昭和35）年の三池争議を引き起こした。労使関係を含む石炭政策の見直しを迫られた政府は1962（昭和37）年に内閣総理大臣特命の「石炭鉱業調査団」を組織し現状分析に努めた。調査団の「石炭が重油に対抗できないことは決定的」という評価を受け入れ、1962（昭和37）年11月に石炭企業の赤字、労働者の失業、産炭地の疲弊の打開を企図した石炭政策大綱を閣議決定した。147億の予算措置が行われ、エネルギー転換は確実になった。

（3）地域住民と炭坑離職者の心的な分断

　異常渇水、スエズ運河の運航停止による電力用炭の需要増加により石炭業界は「二度とまみえることのない最後の宴」を迎えたが、「歌え踊れの宴」は経営陣だけのもので、労働者には「雀の涙ほどもなかった」（宮田 2016: 242-243）^{注22}。田川市の後藤寺に座席数700を誇る大型映画館、商業施設を有する複合型バスセンター「ターミナル会館」が開業したのは「炭坑節返り咲き」の余韻が残る1959（昭和34）年である。労働者の置かれた状況との乖離が印象的である。

　世の家庭に白黒テレビ、電気冷蔵庫、洗濯機が普及しつつあったものの、炭鉱離職者が置かれた状況は悲惨極まりなく、トリクルダウンはなかった。中小炭鉱が多い筑豊では大量の失業者が生じ、そのしわ寄せは子どもたちに及んだ。全生徒の15.5％に当たる児童が16日以上欠席し、中学生においては25.6％に及んだ。欠席の理由について小学生の58.9％、中学生の75.9％が家庭の困窮を理由に挙げた（戸木田 1989：176）。

　こうした中、鵜崎多一福岡県知事の特命で炭鉱失業者の生活実態を調査した福岡県政策研究会の報告書『炭鉱離職者の生活実態』(1959年7月、福岡県失業者対策本部刊) が公表され、大きな反響を呼び、炭鉱失業者生活助け合い運動「黒い羽根運動[23]」が開始された。1959 (昭和34) 年9月から翌年3月までに全国各地から寄せられた募金の総額は約3700万円、衣類や食料、学用品などの救援物資は約6000万円相当に上った[24]。土門拳が閉山の続く筑豊で失業にあえぐ人々とそのこどもたちを撮影した写真集『筑豊のこどもたち』(パトリア書店) の取材を行ったのは、同年12月であった。1960 (昭和35) 年には、東京のキリスト教系大学の学生が黒い羽根運動の運動形式を継承する形で、各炭住を回り、給食などの救援活動を実施しつつ、人形劇、紙芝居、幻燈等の遊びの空間を用意するなどの活動を展開した[25]。

　しかし、黒い羽根運動は、地元民と炭鉱労働者の間の「感情のミゾ」を露呈させた。「伸び悩む黒い羽根　そっぽむく地元民」(朝日新聞1959年12月4日) は、「田川市は石炭不況が最も深刻で20人に一人が生活保護を受けているが、黒い羽根への寄附は鈍い」と伝え、同情が薄い理由として「炭労がすぐにストを行う」という誤解があると報じている。ストへの批判的な論調は以前から存在しており、炭鉱労働者と地元民の溝をあける要因となった[26]。

4.4.　独立後の日本の発展：旧産炭地の復興 (1959〜2000年代)

　この時期、石炭産業の合理化推進と並行して国の補助金により旧産炭地域の復興が促されたが、長年続いたモノカルチャー経済、二重労働市場のひずみを即座に払拭することはできず、筑豊には、人的資本や社会関係資本が欠如した離職者が取り残された。

（1）滞留した離職者の特徴：人的資本の欠如、社会関係資本の欠如

　政府は、1959（昭和34）年9月15日の閣議で炭鉱離職者対策緊急措置を決定し、2億3300万円を支出し、全国の炭鉱失業者7万8000人を鉱害復旧事業（公共事業）で吸収することを決定した（宮田 2009：154；273）。

　田川市では、1955（昭和30）年から1960（昭和35）年までに発生した炭鉱離職者3756人中、地元就職はわずか13％、地元帰農は3％、県外就職は3％、帰郷は6％で73％が滞留した（徳本・依田 1963：287）。1964（昭和39）年に閉山した三井伊田鉱業所の退職者395名を対象にした調査でも、転職の目処をなくして退職した人は65.5％であった。特に目立つのが借金を抱えた人で、35.2％が借金を抱えたまま退職することになった（戸木田 1989：131-132）。閉山後に転職できず筑豊に残った滞留者には、（1）教育や技能、健康等の人的資本の欠如、（2）親族結合といった社会関係資本の弱さという特徴があった。

　第一に、滞留者は、高齢者、炭鉱事故で障害を負った人、炭鉱事故で夫を亡くした女性世帯、低学歴・低技能、他産業からの脱落者等、第一次労働市場では吸収されにくい労働者であった。低所得層の問題が顕著であった田川郡の445世帯を対象に1963（昭和38）年に行った「産炭地域住民の生活実態調査」では、非就学が7.8％、義務教育が74.4％と旧中学・高校以上の学歴を有するものは約1割程度で、雇用政策にのせ得ない1万9000人が筑豊に滞留したと見積もった（九州大学産炭地問題研究会 1964：12）。大手炭鉱では農村の次男、三男が労働力となる一方で、中小炭鉱では、大手炭鉱の「転落者（定年、傷病、企業整理）」が労働者となる場合が多く（戸木田 1989：141）、閉山の度に別の中小炭鉱が雇い入れることが常となり、炭鉱労働者・家族は他の成長産業への移動が阻害された（岩田 2017：147）。福岡県嘉穂郡、田川郡、田川市、鞍手郡の815世帯に行った1955（昭和30）年5月『中小炭鉱失業者の調査』の中間報告では、失業者の職歴において渡り坑夫（27.5％；うち中小から中小が20.8％）、大手からの転落者（28.9％）、他産業からの排出者（他産業から中小が28.5％）という3パターンが見られた（戸木田 1989：142-143）。彼らは閉山により退職を余儀なくされたが、退職金をもらった者はわずか16.8％で、退職金の規定がない劣悪な職場を選ばざるを得なかった状況が伝わる（同146）。

　第二に、炭鉱失業家族の出身地は県内出身者が6割であったが、祖父母以前

より炭鉱で生計をたてている者が多く、農村の親族結合から切り離されていた。「多くの炭鉱失業者家族の家族意識は、農村の家とのつながりにあるのではなく、職場における疑似家族的なつながりにあった」（徳本・依田 1963: 152; 169）。徳本が調査した498世帯のうち77％が失業以降親族の援助に頼ったことがなく、残りも一時的な貸金の形態をとり返済をしないまま絶縁になっている場合が多かった（同: 169）。

（2）炭鉱離職者と地域住民との間の分断

　炭住と呼ばれる共同住宅が外部社会と物理的に隔離されていたことに加え、離職者の生活保護受給は地域住民との心的距離を広げるものになった。

　離職者は生活保護に頼らざるを得ない状況にあったが、地域住民からは「寝て暮らせる生活保護者」「貧乏なヤマでまともな服を着ているのは生活保護の子。働く世帯の子がそれをみてひがむ」「そんなヤマにもオートレースがはじまると主催者の飯塚市から無料バスが迎えにくる。あれらは働くのがばからしいでしょう」といった批判の眼差しが向けられた[注27]。また、生活保護の受給手続きをする役場の職員でさえ、炭鉱労働者を見下す傾向にあった（上野 1994: 154）[注28]。

　前掲の『追われゆく鉱夫』には、売血でなんとか家族を養おうとするも、栄養不足で血液すら買ってもらえない鉱夫の悲哀に満ちた話が登場する。「中小炭鉱の離職者は、労働意欲を失ったのではなく、地底の奴隷労働によってもてる限りの財産と健康と生活とともに、その微かな欲望さえも残酷無惨に奪われた」にすぎなかった（上野 1994: 170）。

　田川市では、企業誘致も行われたが、女子雇用型の中小零細企業の進出が多く、平均賃金は県平均の60％に過ぎず、期待以上の効果は上げられなかった。筑豊の経済基盤は失業対策、緊急就業事業などの公共事業に頼らざるを得ない状況が続いた（文屋 2000: 9-10）。

　閉山によって滞留を余儀なくされた多くの人が第一次労働市場からの排除や社会関係からの排除を経験し、労働意欲だけでなく、生きる気力が奪われる中で多次元貧困状態に置かれた。こうした負の蓄積が地域における中長期的な疲弊として表れていると推察された。

5.　石炭産業から見えた日本の発展経験、開発経験

　以上より、田川市における石炭産業の盛衰の影響から見えた戦前・戦後の日本の発展経験として、経済の二重構造、すなわち、機械化に成功し効率性を向上させ生産量を上げた近代的炭鉱と前近代的な中小炭鉱との分化、好労働条件の第一次労働市場とそうではない第二次労働市場の分化の中での経済成長を挙げる。経済の二重構造、開発学でいうフォーマル経済とインフォーマル経済の分化は、途上性の証左である[注29]。したがって、閉山後の脆弱性の高い人々の資本の欠如は、途上国において普遍的に見られる二重構造の帰結だったということもできる。他方で、発展段階論を批判的に考察したI. ウォーラーステインの解釈を借りれば、経済の二重構造、その中での、二重労働市場は資本蓄積を第一義とする資本主義の必然的な帰結である。彼によれば、性差別や人種差別は、労働者の階層化や労働形態の違いによる不公平な分配を正当化し資本蓄積を助けるためのイデオロギー装置として機能する（ウォーラーステイン 1997）。世界システムでいう周辺国（途上国）では、今日においても小規模鉱山が急速に拡大しており、危険な環境で多数の女性や子どもが雇用されている[注30]。中心国（先進国）になった日本であっても、非正規雇用の増大というかたちで「【こやま】で日常的だった前近代的な労務管理が地底をつたってやがて都会にあらわれ、いまでもさまざまなところで「筑豊」を再現している」（上野 1994: 231）[注31]。以上から、ここで述べた日本の発展経験は、途上国と共通性を持つこと、資本主義経済の必然的な帰結でもあることが指摘できる。

　また、開発経験としては、非対称的な関係の中でのGHQの介入による近代化とその意図せざる結果を挙げることができる。田川の旧産炭地問題は、閉山によるものではあるものの、日本が目指した近代化の中で構築されたモノカルチャー経済、二重労働市場に起因し、GHQの介入（開発）の意図せざる結果として生じた問題でもあった。今日の開発援助政策においては、介入（開発）による相手国への負のインパクトに注意が払われるようになったが、GHQの政策転換の中で翻弄された石炭産業の盛衰とその影響は、日本が身をもって先進国ドナーに示すことができる事例になるかもしれない。

[注]

1　自治体オープンデータ (2019)「福岡県　市町村民経済計算 (平成 23 〜令和元年度) (平成 27 年基準)」
　　(https://ckan.open-governmentdata.org/dataset/401000_sityousonminkeizaikeisan_h23-r1　2021 年 5 月 6
　　日取得)。

2　e-Stat「都道府県・市区町村のすがた (社会・人口統計体系)」。

3　徳本・依田 (1963: 22-23)。

4　「筑豊」は遠賀川沿い筑前国および筑後国に広がる石炭産出地の盆地を指す総称。現在の直方
　　市、飯塚市、田川市、嘉麻市、小竹町、鞍手町、宮若市、桂川町、香春町、添田町、福智町、
　　糸田町、川崎町、大任町、赤村。

5　日清戦争 (1894-95) の影響による国内産業の活況によって、筑豊炭田は石炭産出量の増大を記
　　録した。1897 (明治 30) 年には全国で産出される石炭の半数を出荷するまでになった (工藤 2008:
　　193-194)。

6　田川市立図書館「筑豊石炭礦業史年表　5. 明治 29 年〜明治 45・大正元年」、筑豊・田川デジタルアー
　　カイブ (https://trc-adeac.trc.co.jp/Html/Home/4020605100/topg/chronology.html　2020 年 9 月 17 日取得) 参照。

7　直方鉄工協働組合「明治篇第 5 節　明治後期の直方鉄工界」直方鉄工協働組合ホームページ
　　(http://www.nogata-iwca.or.jp/series/index06.html　2020 年 9 月 17 日取得)。

8　松原岩五郎が貧民街に潜入して職業を転々としながらその実情を記録したルポルタージュ『最
　　暗黒の東京』(明治 31 = 1899 年)、横山源之助による日清戦争の勝利以降の産業化の進展過程に
　　おける貧困層の実態に関する総合的なルポルタージュ『日本の下層社会』は、当時の貧困を詳
　　細に記述している (佐藤 2005)。

9　田川市立図書館「3-1-4　三井田川病院−三井田川鉱業所病院−」、筑豊・田川デジタルアーカイブ (ht
　　tps://trc-adeac.trc.co.jp/WJ11E0/WJJS06U/4020605100/4020605100100010/ht000410　2022 年 2 月 18 日取得)。

10　日本キリスト教団宮若教会「復権の塔」、日本キリスト教団宮若教会ホームページ (http://miyata-
　　kyokai.sakura.ne.jp/%E5%BE%A9%E6%A8%A9%E3%81%AE%E5%A1%94/　2022 年 2 月 18 日取得)。

11　坑内で石炭やボタを掻き寄せるのに使う鉄製の道具。

12　田川市立図書館「筑豊石炭礦業史年表」、筑豊・田川デジタルアーカイブ (https://trc-adeac.trc.
　　co.jp/WJ11E0/WJJS06U/4020605100/4020605100200010/ht000160　2020 年 9 月 17 日取得)。

13　石炭産業が隆盛期にあった 1943 (昭和 18) 年 11 月 3 日に伊田町と後藤寺町が合併して田川市が
　　誕生。

14　文屋は、閉山後の状況について「都市基盤、地域文化や市民アイデンティティなど、すべてが
　　未成熟なままで衰退に対処しなければならない時期がすでに 40 年近く続いている」と述べて
　　いる (文屋 2000: 13)。

15　経済企画庁『昭和 32 年次経済報告　速すぎた拡大とその反省』。

16　労働省『失業対策年鑑』では 1949 年の整理人員数は 44 万に達した (岩田 2017: 68)。

17　徳本・依田 (1963: 14)。

18　『自立経済審議会報告書』(1951 年 1 月答申)、「経済自立 5 か年計画」で「自立」が謳われた (岡崎
　　2009: 70)。

19　経済企画庁『昭和 31 年度経済白書−日本経済の成長と近代化』では、1934 (昭和 9) 〜 36 (昭和
　　11) 年を 100 にした際の 1955 (昭和 30) 年の経済回復水準について、輸入・輸入総量を除く、国
　　民、所得、鉄工業生産、消費水準、人口の各指標で 100 を超えた。住宅を除きほぼ充足の時
　　期が終わり、もはや戦後ではないと評価された。そして、「回復を通じての成長は終わり、今

後の成長は近代化によって支えられる。近代化の進歩も速やかにしてかつ安定的な経済の成長によってはじめて可能になる」とされた。『昭和33年度年次経済報告─景気循環の復活』では国民生活の均衡的発展の課題として「後進的産業部門の近代化」が言及された。

20 田川市立図書館「筑豊石炭礦業史年表」、筑豊・田川デジタルアーカイブ（https://trc-adeac.trc. co.jp/Html/Home/4020605100/topg/chronology.html　2020年9月17日取得）。

21 1964（昭和39）年に最大手の三井田川鉱業所が閉山、1971（昭和46）年には市内全炭鉱が閉山した。

22 1956（昭和31）年放送の第7回NHKの紅白歌合戦では三池炭坑節と常磐炭坑節が景気をあおった（宮田 2016：242）。

23 黒い羽根は赤い羽根共同募金の赤い羽根を石炭の黒に置き換えたもの。

24 『朝日新聞』「東京でも黒い羽根」1959年9月7日。

25 細井勇（2021）「「筑豊の子供を守る会」関係資料集成の刊行に向けて」（https://www.fukuoka-pu. ac.jp/research/img/f37808ea133bc575c6a53dbe3d09c39a.pdf　2022年3月14日取得）。

26 高能率と低コストを実現できない石炭業に対し、「不採算鉱の国有化による失業者の救済よりも、多少犠牲を払ってでも石炭産業全体の合理化をはかるべきだ、石油と原子力がエネルギー対策の中で、ますます重要になっていくことは世界的な動向だ」（『朝日新聞』1955年6月7日）、「石炭業界の反対を押し切ってでも合理化法案を成立させるのが急務である。［中略］日本経済の基礎であり、しかもガンとなっている今日の石炭業の建直しに、会社、組合双方の良識ある態度が必然であり、それが国会の審議にも反映されることを我々は望みたい」（『朝日新聞』1955年7月9日）などの論調があった。

27 『朝日新聞』「黒い羽根のヤマをみて」1959年9月14日。

28 「村役場の職員がすべて富裕な農民ばかりであるために［私たちの生活の苦しさが分からんちうだけではのうて、てんから人間あつかいにしやがらんとでしたい］そう憤慨するMさんの言葉も決して誇張して片づけてしまえない。炭鉱労働者に対する農民の差別感情は現在もなお衰えていないし、特に富農のそれは牢固として抜きがたいものさえあるのだ」（上野 1994：154）。

29 国際労働機関（ILO）は、非公式経済を法令上または慣行上、公式な取り決めの適用を受けていない、または十分に適用を受けていない労働者および経済単位による、不正活動を除くすべての経済活動と定義し、現在でも世界の労働力の半数以上が非公式経済に属していると指摘する（ILO 2015: 4）。

30 1999（平成11）年のILOのプレスリリースによれば、世界の小規模鉱山労働者1300万人のうち、400万人がパートタイムの女性であると推定されている。職場での死亡率は先進国の鉱山の最大90倍に及ぶという（ILO, https://www.ilo.org/global/about-the-ilo/newsroom/news/WCMS_007929/ lang--en/index.htm 2020年9月17日取得）。小規模鉱山・採掘現場で働く人の数はこの20年で3倍以上になり、世界80か国で4475万人が雇用されていると推定される（World Bank 2020）。

31 上野英信（1994）『追われゆく鉱夫たち』の鎌田慧による「あとがき」より。

参考文献

『朝日新聞』「東京でも黒い羽根　文化人も動き出す」1959年9月7日
─────「石炭業の活路」1955年6月7日
─────「石炭合理化法案への期待」1955年7月9日
─────「黒い羽根のヤマをみて」1959年9月14日
─────「伸び悩む黒い羽根　そっぽ向く地元民」1959年12月4日

朝日新聞西部本社編 (1970)『石炭史話：すみとひとのたたかい』謙光社

阿蘇龍生 (2012)「炭鉱と人権 (前編)」『広報たがわ』12月1日号 (第1348号)

文屋俊子 (2000)「田川地域の人口と社会移動」福岡県立大学生涯福祉研究センター 『福岡県立大学生涯福祉研究センター研究報告叢書Vol.5 旧産炭地域筑豊における生活と福祉―田川市郡を中心に―』13-28頁

「筑豊石炭礦業史年表　5. 明治29年〜明治45・大正元年」https://trc-adeac.trc.co.jp/Html/Home/4020605100/topg/chronology.html (2020年9月17日取得)

藤本武 (1984)『組頭制度の研究：国際的考察』労働科学研究所

「復権の塔」http://miyata-kyokai.sakura.ne.jp/%E5%BE%A9%E6%A8%A9%E3%81%AE%E5%A1%94/ (2022年2月18日取得)

福岡県福祉労働部保護・援護課 (2018)『福岡県の生活保護概要版平成29年度版』

福岡県教育委員会 (2021)『令和3年度 (2021) 全国学力・学習状況調査福岡県学力調査結果報告書』

細井勇 (2022)「「筑豊の子供を守る会」関係資料集成の刊行に向けて」、福岡県立大学ホームページ (https://www.fukuoka-pu.ac.jp/research/img/f37808ea133bc575c6a53dbe3d09c39a.pdf　2022年3月14日取得)

飯塚市誌編さん室編 (1975)『飯塚市誌』

ウォーラーステイン, イマニュエル、川北稔訳 (1997)『新版 史的システムとしての資本主義』岩波書店

International Labour Organization (ILO), 1999, Small-scale mining on the increase in developing countries, news room (https://www.ilo.org/global/about-the-ilo/newsroom/news/WCMS_007929/lang--en/index.htm　2022年2月4日取得)

岩田正美 (2017)『貧困の戦後史：貧困の「かたち」はどう変わったのか』筑摩書房

自治体オープンデータ (2019)「福岡県　市町村民経済計算 (平成23〜令和元年度) (平成27年基準)」(https://ckan.open-governmentdata.org/dataset/401000_sityousonminkeizaikeisan_h23-r1　2021年5月6日取得)

「金川の教育改革」編集委員会 (2006)『就学前からの学力保障：筑豊金川の教育コミュニティづくり』解放出版社

経済企画庁 (1956)『昭和31年年次経済報告』
————— (1957)『昭和32年年次経済報告　速すぎた拡大とその反省』
————— (1963)『昭和38年年次経済報告　先進国への道』
————— (1966)『昭和41年年次経済報告　持続的成長への道』
————— (1968)『昭和43年年次経済報告　国際化のなかの日本経済』

木下悦二 (1957)『日本の石炭産業』日本評論新社

清田勝彦 (2000)「石炭産業と筑豊地域社会」福岡県立大学生涯福祉研究センター 『福岡県立大学生涯福祉研究センター研究報告叢書Vol.5 旧産炭地域筑豊における生活と福祉：田川市郡を中心に』1-12頁

児玉音松 (1902)『筑豊鉱業頭領伝』

国際労働機関 (ILO) (2015)「非公式な経済から公式な経済への移行勧告」(第204号)
————— (https://www.ilo.org/global/about-the-ilo/newsroom/news/WCMS_007929/lang--en/

index.htm　2022年2月4日取得）

工藤瀞也（2008）『筑豊炭田に生きた人々：望郷の想い』海鳥社

九州大学産炭地問題研究会（1964）『産炭地住民の生活実態調査報告書（1）』

光本伸江（2007）『自治と依存：湯布院町と田川市の自治運営のレジーム』敬文堂

宮田昭（2009）『坂田九十百という男：炭鉱最後の田川市長』書肆侃侃房

──────（2016）『炭坑の絵師　山本作兵衛』書肆侃侃房

「明治期の筑豊炭田」https://www.joho.tagawa.fukuoka.jp/kiji003816/index.html（2021年11月
　14日取得）

「3-1-4　三井田川病院－三井田川鉱業所病院－」https://trc-adeac.trc.co.jp/WJ11E0/WJJS0
　6U/4020605100/4020605100100010/ht000410（2022年2月18日取得）

永末十四雄（1973）『筑豊：石炭の地域史』NHK出版

日本キリスト教団宮若教会「復権の塔」、日本キリスト教団宮若教会ホームページ（http://miyata-
　kyokai.sakura.ne.jp/%E5%BE%A9%E6%A8%A9%E3%81%AE%E5%A1%94/ 2022年2月18日取得）

直方鉄工協働組合「明治篇第5節　明治後期の直方鉄工界」、直方鉄工協働組合ホームページ
　（http://www.nogata-iwca.or.jp/series/index06.html 2020年9月17日取得）

岡崎哲二（2009）「日本開発銀行の設立」宇沢弘文・武田晴人編『日本の政策金融Ⅰ高成長経済
　と日本開発銀行』東京大学出版会、67-92頁

小田野純丸・荒谷勝喜（2007）「日本のエネルギー産業の構造変化：石炭産業の衰退と流体革命」
　『彦根論叢』第367号、117-136頁

佐藤寛（2005）「近代日本の貧困観」二村泰弘編『「貧困概念」基礎研究』15-36頁

総務省統計局（2011）『国勢調査2010』「卒業者総数に占める大卒以上の学歴を有する者の割合」

──────（2015）「e-Stat都道府県・市区町村のすがた（社会・人口統計体系）」

高橋伸一・若林良和（1990）「炭鉱労働者の移動と旧産炭地の社会変動」『社会学研究所紀要』
　（11）、45-77頁

高橋正雄編（1962）『変わりゆく筑豊：石炭問題の解明』光文館

高間満（2012）「貧困の地域的形成と世代的再生産：筑豊田川郡の生活保護に焦点を当てて」『神
　戸学院総合リハビリテーション研究』7（2）、29-42頁

蔦川正義（1981）「旧産炭地域＝筑豊地域の再開発政策の今日的視座」『經濟學研究』46（1/2）、
　177-193頁

通商産業大臣官房調査統計部（1955）『昭和30年度　石炭コークス統計年報』

──────（1960）『昭和35年度　石炭コークス統計年報』

──────（1967）『昭和42年度　石炭コークス統計年報』

徳本正彦・依田精一（1963）『石炭不況と地域社会の変容』法律文化社

戸木田嘉久（1989）『九州炭鉱労働調査集成』法律文化社

上野英信（1967）『地の底の笑い話』岩波新書

──────（1994）『追われゆく坑夫たち』岩波同時代ライブラリー

World Bank, 2020, *2020 State of the Artisanal and Small Scale Mining Sector*, Washington, D.C.

Hoshino Yoshiro and Nobuko Iijima,1992," The Miike coal-mine explosion" Jun Ui ed.,
　Industrial pollution in Japan, United Nations University Press.

第6章 外部介入型の農村開発から内発的な農村発展への転換過程

―山口県における生活改善の変遷を通して

辰己 佳寿子

1. 傍流に位置づけられる生活改善

戦後の農村開発における上意下達の大きな構図は、GHQ と日本政府（第3章）、農水省と都道府県（本章）として捉えることができ、二重の意味での "適応・再編成" が起こっていたと言える。すでに、第3章では前者の構図を考察したが、本章では後者の構図を紐解いていきたい。つまり、戦後 GHQ の外部介入による上意下達の農村開発である協同農業普及事業を都道府県がどのように "適応・再編成" していったのかを Development の二側面を意識しながら昭和20年代から平成初期までの中長期的な視点から整理する。

日本で最初に途上国の開発／発展（Development）の問題を近代化論の枠組みで捉えた社会学者の鶴見和子（1918-2006）は、「開発」は他動詞で外部者の誰かが変化を働きかけることであり、「発展」は自動詞で自ずと変化が起こることであるとして違いを明確にした（鶴見 1976）。後者の「発展」が理想であるのは間違いないが、変化には外部からの働きかけが必要な時もあり、「開発」行為をどのように内部化していくのかが鍵になる。戦後の日本は途上国／後発国であり農村の近代化は GHQ の働きかけによって推進されたが、鶴見（1996）が指摘するように、もしわたしたちが、時間をかけ、その気になって、外来のものと、在来のものとを、たたかいあわせ、あるいはむすびあわせることをとおして、双方を創りかえていくことができれば、その時に、後発国においても、内発的開化は可能になるのではないだろうか。

本章では、外部介入による「開発」を開発される側が当事者性を自覚して自ら方向転換させて「発展」にどのように転換していくのかを、農村女性[注1]の取り組みから検証していきたい。ここで注目するのは農村女性の活動を背後から

支援してきた生活改善普及事業である。この事業は、農家の生活をよりよくすることと、「考える農民」を育てることを目的に、1948（昭和23）年から全国的に実施された協同農業普及事業（第3章参照）の一部である。第3章で言及したように普及事業に生活改善が入ったこと自体が画期的であったことは間違いないが、主流の農業改良普及事業に対して傍流として位置づけられてきた。開発援助の文脈で言い換えると、農業改良は経済開発であり、生活改善は社会開発として位置づけられる。本章が着目するのは、この傍流であった外部介入型の社会開発が適応・再編成を経て、行為者の主体性を促し内発的な農村発展に転換したことである。

　具体的な事例地域は、農業においては条件不利地であった山口県である。山口県は、地勢上山林や傾斜地が多く、7割は中山間地で占められ、農業の作業効率は上がりづらく、農地の規模も大きくない。一方で、瀬戸内海沿岸にコンビナートが形成されたことなどから、農業以外の業種に労働力が集中していった。工業と農業が極端に不均衡に展開してきたため、山口県の農村では他県に比べて早い時期から「三ちゃん農業化」や「一ちゃん農業化」が進み、農村女性が農業生産の主要な担い手となっていった^{注2}。彼女たちが行った農業経営は、市場経済に依存するのではなく、少ない資金と資源を知恵と工夫で改善を行い、その延長線上での生活農業であった（高橋 1998）。昭和60年代に余った農作物や市場に出すことのできない農作物を朝市や直売所等で販売し始めた取り組みは、女性が行う、取るに足らぬものと軽視されていたが、後に、農業政策上に影響をもたらす活動となったのである。つまり、傍流の生活改善普及事業と条件不利地という二重の条件を持つ山口県で、農林省の普及事業に適応しつつも再編しながら山口県独自の生活改善が内発的なむらづくり運動となって展開されてきたのである。以降、この過程を時系列で追っていきたい。

2. 山口県における初期の生活改善普及事業（昭和20年代）

2.1. 普及事業の理念

　1948（昭和23）年7月15日に農林省が公布した農業改良助長法に基づいて、山口県では、同年9月30日に経済部に農業改良課が設置され、協同農業普及

事業が発足した (山口県 1978)。具体的には、農業技術の向上を目指す農業改良
普及事業とあわせて、農家生活の向上を目指す生活改善普及事業が実施され
た。生活改善普及事業の目的は、農家の生活をよりよくすることと、考える農
民を育てるということである。前者の目的を果たす手段が、個々の生活技術の
向上であり、後者の手段が、生活改善実行グループの育成である (農林省 1954)。

　山口県が独自の方式を歩んできた発端は、普及制度の発足時に遡ることがで
きる。1950 (昭和25) 年、農林省の初代普及課長となった川俣是好氏は、山口
県出身であり、1946 (昭和21) 年から普及事業開始の1949 (昭和24) 年まで農林
省からの出向で山口県農業試験場長を務めていた。その際に、山口県の普及員
の資格、採用規定等の普及事業の基礎づくりを行っていた。

　川俣の後を引き継いだのが尾崎三雄 (1902-1985) であった。1949 (昭和24) 年
6月の農業試験場長および初代農業改良普及課長への尾崎の就任は異例の民間
人の登用であった (～ 1952年3月まで)。尾崎は、終戦まで農林省に勤務してい
たが家庭の事情で退職し、郷里の小野村 (現防府市) で農業に従事していた。尾
崎は、戦前の1935 (昭和10) ～ 38 (昭和13) 年にかけてアフガニスタン政府の
依頼で農業指導員として派遣され途上国の農村開発に外部者として指導すると
いう経験を持っており、帰国の際には、1年間かけて欧米の農業・農村を視察
して歩いた (尾崎 2003)。協同農業普及事業はアメリカの普及事業を模倣したも
のであったが、尾崎は、アフガニスタンでの経験や欧米との比較の視点や農林
省との交渉能力を持ち、山口県の農業を農民の立場から知り尽くしている中
で、山口県の普及事業を推し進めたのであった。

　農林省は全国一斉に普及事業を展開したが、山口県は全国的な取り組みを適
応させつつも、尾崎によって普及事業が再編・強化された。それは「尾崎イズム」
と評されるほど徹底したものであった (山口県 1969)。尾崎は農業改良課長に就任
すると農業改良の理念と目標を農業改良普及員必携の小冊子に刷り込んで約
200名の普及関係職員に示した。ここには、農業と生活が両輪であることが明確
に記されており、生産のために生活が犠牲になることなく、明るく、楽しく、豊
かな生活のできる農業を実現するために、普及員が励まし合って助け合って普
及事業を進めていくことの重要性が説いてある。

　尾崎は、「農業改良の目的は、農家の生活と文化の向上を図り、以て農村を健

全に発展せしめることにあるが、その為には先ず農業の実態を克明に分析把握
し、その上で具体的な改善の方途を講じなければならない」と述べ、農業試験場
内に「生活研究室」(1968 (昭和41) 年に営農生活研究室と名称変更) を設置した (山口
県 1969)。これは他県に類をみない動きであり、農業改良と生活改善が密な連携
を推進させていく機能を担い、農業経営や生活改善、有畜農業等の研究を始め
た。中でも、1948 (昭和23) 年から3年間かけて実施された「農家活動の時間配
分に関する調査」は全国的にも稀な成果として注目された。この結果をもとに、
尾崎は、「経営主よりも相当多くの労働に服している妻の苦労が見られる。積極
的に文化的生活活動に充て得る時間を生み出すには、妻の時間的余裕が必要で
ある」と明言し、生活と文化の向上という視点を強く強調し、農業普及事業だけ
でなく生活改良普及事業にも重点を置いた。単なるスローガンではなく山口県
の実態を踏まえたうえで普及事業の理念を掲げ山口県に適応した具体的な取り
組みを推進していった。

2.2. 試行錯誤の中で切磋琢磨する生活改良普及員

　農業改良普及事業の直接の担い手として農業改良普及員が、生活改善普及事
業の担い手として生活改良普及員が各県の職員として採用された。山口県で
は、1949 (昭和24) 年に最初の農業改良普及員167名と専門技術員4名が採用さ
れた[注3]。1950 (昭和25) 年は生活改良普及員5名が採用された (山口県 1959)。そ
の年、改良課内に「生活改善係」3名が配属され、「農家生活の改善普及に関
する事項」に携わることになり、山口県の生活改善普及事業が事実上発足し
た。普及員のうち、生活改良普及員の割合が低かったため、農林省は、1955
(昭和30) 年までに農業改良普及員の少なくとも5分の1相当の数にまで増やす
政策を公表した (岩本 1998)。達成年数の全国平均が1960年代であったのに対
して、山口県ではこの目標を1955 (昭和30) 年に達成している (市田 2001)。

　山口県の「改良普及員服務要領 (1950年8月)」には、「普及活動の重点は農家
に対する実施指導にあるので、週の内5日程度は巡回指導に当たるものとし、
机上の執務は最小限に止めること」「農家より急を告げる要求のあった場合は、
差支えの無い限り、勤務時間内はもちろん、時間外といえども気軽に求めに応
ずること」とあり、農家に寄り添う姿勢は服務として明記されていた。

　生活改良普及員の役割は、農家女性の相談相手となり、生活文化の向上、ひいては生産の増強に役立つために支援することであり、普及活動は、基礎調査、広報活動、優良事例の紹介、先進地視察、生活改善クラブの組織と育成等、多岐にわたっていた。生活改善は、農業改良普及のように、過去に模倣すべきモデルがないため、生活改良普及員の試行錯誤の中で進められてきた。

　1953（昭和28）年の『普及の手引』には、「普及員は何をしている。かまど改善にばかり本気になって」「普及事業はゆきづまった。農村はちっとも変っていない」などの批判に対して、勤務時間以外の時間にも職務に没頭し、自分の体をすり減らすほどの努力をする普及員の姿が描かれている（山口県 2006）。生活改良普及員たちは、農業改良普及員と連携したり『普及の手引』を手段に課題を共有したり、生活改良普及員同士で励まし合ったり、東京の生活改善技術館で行われる研修等で出会った他県の普及員とも情報交換をしたりしていた。

　1954（昭和29）年に採用された内田冨美子さんは、山口県はどんどん東京の一流の研修を受けさせてくれました。ずいぶん、人的投資をしてもらいました。生活改善普及員の質の向上は今でも誇れると述べている（山口県 2006）。1961（昭和36）年に採用された西村良子さんは、行き詰ったときは、「生活改善実行グループのメンバーに相談する場合もありましたが、私の場合は、普及所の所長に相談していましたね。所長のバイクの後ろに乗せてもらい一緒に管内をまわってもらうこともありました。その他に、心の支えとなったのは、生活改良普及員が集まる研修ですね。試行錯誤の実践を通して、同じような課題を抱えながらともに考え悩んだ仲間との絆は大きいです」（辰已 2008）と言っている。

2.3.　生活改善実行グループの取り組み

　初期の生活改善事項は、食生活、衣生活、住生活、家族関係、育児関係、経済管理であった。普及員が担当した地域は、必ずしも出身地とは限らず、外部者として担当地域に入っていくこともあった。普及員は、農村・農業を熟知しているわけではなかった。県職員といえども地域に入るにはさまざまな反発が予想された。また、限られた人数の普及員がひとりひとりの女性に接近することも非効率であった。そこで、1950（昭和25）年から山口県独自の取り組みとして行われたのが、「生活改善推進世話人制度」であった。担当地域において、

生活改善に意欲を持つ女性を発掘し、世話人として指定し、世話人を核としたグループづくりが進められた。例えば、地域の名士の夫人を世話人に任命することもあった。世話人のなかには、夜な夜な提灯をさげて各家をまわって生活改善の必要性について説いて歩いた人もいた（山口県 2006）。

　1951（昭和26）年から1953（昭和28）年は、「グループ育成時代」であり、「油を食べましょう」「下着は3枚もちましょう」「かまどを改善しましょう」などがスローガンとなった。1952（昭和27）年度からは、各グループの活動実績を発表する大会が開催されるようになった。大会では、講演、発表、デモンストレーション、優良グループの表彰などが行われた。大会で発表したグループ代表者は30歳代後半からの比較的若い女性であった。彼女たちは、結婚を機に地域に入り農業に従事し、ものを言いにくい立場にあったが、普及員や関係機関・団体等からの働きかけにより、地域や家族から認知された状態でグループ活動に参加していた。1954（昭和29）年度からは、農業試験場内に「農村改善展示実験室」が新設され、制作物、必要器具類、設備品、模型等が展示された（山口県 1959）。

　1954（昭和29）年には、生活改良普及員31名で、290グループ、6118人のグループ員を育てている。グループ員は、個々の暮らしの中で、特に、衣食住の問題や嫁・姑の問題、未熟な農産物の栽培技術の習得や労働力不足を共同作業で補完し合う活動等まで、個々の悩みをグループ内で話し合い、グループの活動の共通課題として集団の力で、地域に新しい風をおこし、環境づくりから課題解決が図られていった（山口県 1969）。

　このような生活改善普及事業の取り組みを通じて女性たちの意識は少しずつ変化をしていった。『普及の手引』（1953年第51号）には200人の女性を対象にした調査が掲載されている。「生活改善をするにあたって一番困ったことは何か」という質問に対しては、「お金がなくて困った」が4分の1で、残りの4分の3が「老人や経営主や指導層の無理解に一番苦労させられた」という回答であった。「生活改善を実行して何が一番うれしかったか」という質問に対しては、「家族の中に生活を楽しむ気持ちがでてきた」「主婦の立場を理解してもらえるようになった」という回答があった。

3.　山口県の生活改善普及事業の特徴（昭和30-40年代）

3.1.　密着指導に固執した山口県の普及所

　1957（昭和32）年に農業改良普及所の法制化が行われた。所長の職務が「管理職」としての性格を持つものとして通達されたことは、普及事業史上における一つの変革であった（山口県 1969）。その年の6月には、山口県は「農業改良普及所および農業改良普及所支所の名称・位置・および管轄区域を定める条例」を公布した。これに伴い、30普及所1支所となり、普及員の配置数は農業が217名、生活が45名と大幅に増員された。

　1961（昭和36）年には、米国アーカンソー州普及部長バインズ氏がスーパーバイザー制度導入のための視察を山口県で行い、翌年の1962（昭和37）年には、普及指導主事制度（普及員のスーパーバイザー）を実施するなどして、山口県は生活改善の先端県となった。1962（昭和37）年には、33普及所7支所となり、1964（昭和39）年には、35普及所8支所が設置された。1965（昭和40）年には、山口市に広域農業改良普及所が設置された（山口県 2006）。

　高度経済成長に入り普及事業が安定した昭和40年代になると、農林省は農業改良普及所の統合整備と普及指導活動の効率化について方針を出した。これにどう対応するか、山口県では、真剣な検討会が重ねられた。なぜなら、山口県は地域のニーズに適応して現場重視の体制をとっていったからである。結果、山口県は、国の方針を受け入れる形で対応しながらも、1968（昭和43）年に「農業者への密着」と「普及指導の高度化」を2本柱に13普及所30支所での広域普及体制という独自の方式をとった（山口県 1969）。農林省方式と山口県方式の違いは、次頁**表6-1**の斜体に示すとおりである。

3.2.　農家経営を担い始めた女性たち

　地域に密着した山口方式は、県単独事業においても見て取ることができる。山口県では他県に比べ男性の出稼ぎが早くから始まっていたため、単なる補助労働者として扱われるにすぎなかった農村女性を教育し、農業経営の主体となることを見越して、1964（昭和39）年から1968（昭和43）年まで「農家経営教室」が開催された。この目的は「農業者が健康で文化的な生活を営むためには、地

表6-1 農林省方式と山口県方式との比較 (生活)

	普及員の配置	普及活動対象の考え方	農家側から見た		普及員側から見た	
			長所	短所	長所	短所
農林省方式	主任生改(広域担当)一般生改(地域担当)ともに普及所に配置	主任生改は全地域にわたる生活改善の推進生改の普及活動の連絡調整一般生改は地域を担当し、特定地域やグループを主対象とした普及活動	○特定地域の農家にとっては濃密指導がうけられる。○長期研修、産休等の場合代替が容易である。	○多数の一般農家にとっては普及員が遠くにいて指導がうけにくい。○突発的な問題等の相談ができにくい。	○生改相互間の連携がよくとれ、共磨きができている。	○往復のための時間的ロスが多く、疲れる。○担当地域の実情がつかみにくく、市町村、農協との連携もうすれる。
山口県方式	主任生改(広域担当)は普及所に配置一般生改(地域担当)は普及所または支所に配置	主任生改は全地域にわたる生活改善の推進生改の普及活動の連絡調整普及所によっては上記の任務のほか、一定の地域を担当した普及活動一般生改は一定の地域を担当し、特定地域やグループを主対象とした普及活動を行うとともに一般農家を対象として普及活動	○特定地域の農家は濃密な指導がうけられ、多数の一般農家も指導がうけられる。○普及員が身近にいて、相談しやすい。○産休、療休、研修等で不在となる場合、主任生改で代替が可能となる。	○普及活動の装備が充実できにくい。	○一般生改は主任生改のバックアップが期待できるので、心強い。○農改の協力が得やすく、効率的な指導ができる。○全員が責任を持った活動ができる。○市町村や関係機関との連携がとりやすい。	○本所または支所に分駐するので、相互の連携がうすれやすい。

注:斜体文字は山口県独自の方式。
出所:山口県 (1969)『普及事業二十年の歩み』

域で共同して生活と経営の両面から労働や時間の節約、経済の効率化を図るとともに、よりよい生活環境を作っていく必要があるので農家の主婦に、共同化、生活環境の整備について正しい認識と技術を習得させること」であった (山口県 1969)。講義や、実習、話し合い、見学、実績発表会等を通して習得する教室である。「農家経営教室」で学んだ各地の生活改善実行グループの活動は活発になった。グループは資金を他地区への働きかけや研究会にも利用し、常に学びあう姿勢を持ち開放性を持つようになった。グループ単位の活動が中心であった生活改善実行グループは、県域での研修会や実績発表大会等への参加を通して連携を持つようになった。「農家経営教室」は、1968 (昭和43) 年で終了するが、**表6-2**のとおり、山口県はその時々の状況に合わせて県独自の事業を展開している。

表6-2　昭和30-50年代の山口県の単独事業

期間	事業名	事業概要
1964-1968（昭和39-43）年	農家経営教室	共同化、生活環境の整備について正しい認識と技術を習得
1966-1970（昭和41-45）年	農繁期対象生活教室	共同炊事、共同保育、健康管理
1968-1975（昭和43-50）年	農村婦人集団現地研究会	グループとグループの相互の体験の交換と連携
1970-1975（昭和45-50）年	農村若妻集団育成事業	近代的感覚に基づく生活のあり方および生産に従事する職業人としての管理能力
1971-1972（昭和46-47）年	自立農家講座	農家生活の変化に対応するため自立経営を目指す農家の経営主・後継者としての夫婦
1971-1975（昭和46-50）年	テレビ農村主婦学校	近代的農家生活に関する知識・営農の技術管理能力をテレビで自宅学習

出所：山口県農村女性・むらおこし推進室（2006）『山口県における農山漁村女性の生活改善を支えた生活改良普及員の足跡を追って』より筆者作成

3.3.　女性の意識変化

　女性の意識や行動はさらに変化していった。萩市田万川地域の藤井ミネ子さん（1924（大正13）年生まれ）は、生活改善実行グループ連絡協議会会長、女性団体連合会会長、農協婦人部長を経験してきた生活改善の第一人者であるが、昭和20年代の嫁いできた当初は閉じ込められたような生活だったが、長いトンネルを抜ける契機は生活改善であったという。若い頃の先生になるという夢も叶わず、家事・農作業・介護・育児で精一杯、病気がちで10年間ぐらいは閉じ込められたような生活でしたが、生活改良普及員が地域に入ってきてから大きく変わりました。家を貸し、集会のお世話をしたり、講師を呼び、みんなで勉強したりしました。頑張るなかで光が見えてきましたと述べている（辰己 2019）。

　周南市鹿野渋川の植田忍さん（1938（昭和13）年生まれ）は、「姑から『女というものは、そねぇ、家を空けて出るものではない』と言われることもありましたが、グループの仲間たちと会えば悩みを共有し合うこともできて楽しかったし、いろんな人の話も聞けるし『こうしたときにはこうするんよ』と知恵をもらえたのがうれしかった」と言い、同グループの安永芳江さん（1940（昭和15）年生まれ）は、「今の自分があるのは生活改善と出会ったからです」と断言している（辰己・農文協編 2009）。

4.　生活改善普及事業からむらづくり運動への転換
（昭和50年代から平成初期）

4.1.　主体性を促す生活改善の普及方法

①濃密指導方式と先進地視察

　山口県が独自の普及方式として「農業者への密着」に重点を置いてきたとはい
え、限られた普及員が農山漁村の人々を網羅的に支援することは容易ではない
ため、特定のグループや地域を対象に集中的指導をする濃密指導方式がとられ
るようになった。個別農家を対象とした指導・活動よりも効率が高いとされ、
生活改善への意欲や関心の度合いにより普及員が対象を選定する方式であった。
ただし、対象として選定したことを公表しなくても成果がでることによって、
後日、集中的な指導を受けたことが知れ渡ればよいという考えのもと、そこか
ら周辺地域への生活改善の普及拡大を狙うものであった。グループ員から濃密
指導地域の活動を見に行きたいと視察の希望があがってくることもあった[注4]。
先行する生活改善実行グループが、後続のグループに支援の手を差し伸べる取
り組みである。外部から普及員が入ってくるだけでなく、他地域との交流に
よってグループ員たちが比較の視点をもって切磋琢磨していくようになった。

②三層五段階思考法

　生活改善実行グループの活動は科学的思考によって裏付けられていた。三層
五段階思考法は、複雑で可視化しにくい農村生活の問題を一つひとつ分解し
て、当事者として考え、自らの力で解決するための思考方法である。思考の場
の三層は、第一層（生活実践の場）が第二層（反省的な場や問題解決学習の場）を動
かし、第二層が第三層（基礎学習の場）を促す重なりになっている。五段階とは、
第一段階で漠然たる問題意識を持ち、第二段階で困難の正体をつきとめ、何が
問題であるかを明確にする。第三段階ではもっともらしい解決の方法を思いつ
いていくつかの仮説を立てる。第四段階では、この思いつきの、さまざまのか
くれた意味内容を推論によってはっきりさせて理論的吟味をする。第五段階は
実験的に試行的に実行してみる段階で、この思考的吟味によって頭の中や机の
上ではわからなかった欠点がでてきて仮説を修正したり条件をつけたり別の仮
説を導き出して、再度、第四段階や第五段階の過程を踏むのである（農山漁村
女性・生活活動支援協会 1987）。この思考法は、全国的に取り入れられている方

法であるが、山口県では生活改良普及員がグループ員に働きかけるだけではなく、グループ員が生活改善士として実際に女性活動や地域活動を進めていくうえでも活用されている。

　　③集落点検活動

　集落点検活動も、全国的に取り入れられている普及方法の一つであるが、山口県はこの活動を徹底して実行した県の一つである。集落点検活動とは、集落の現況と集落をこのまま放置しておいたら十年後にはどうなるかという予測を住民が各世帯の聞き取りをもとに作成し、そのうえで集落が十年後にどうなりたいかという構想を立てる。この点検過程の中で生まれた住民の当事者意識が主体的な実践行動へつながるのである。

　山口県で集落点検を徹底することができた理由は、農林水産省生活改善課の「生活環境診断手法」を適用する最初の事業が山口県で行われた1973（昭和48）年から1984（昭和59）年までの「生活環境改善対策事業」に遡ることになる。この事業とその関連事業や自主的な活動の中で生活改善実行グループのリーダーたちは居住環境専門技術員や生活改良普及員の指導を受けて「環境点検地図」づくりに習熟していたのである。また、1985（昭和60）年から1986（昭和61）年にかけて、農村生活総合研究センターの調査研究が山口県で行われた際にも、その手法は生かされることになった。なによりも農村女性の多くが昼夜にわたる集落定住生活者であり、集落でのさまざまな「世話ごと」を通して各戸の事情に熟知していた。これらによって山口県では「むらびとの、むらびとのための、むらびとによる、むらづくり」が「集落点検活動」として定着していくようになった（高橋 1999）。

4.2.　地域に広がる山口県の農家女性の活動

　転作が始まった昭和60年代に山口県では朝市・直売所等の活動が女性たちを中心に始まった（山口県 1999）。直売活動は、遅れた技術、商品とならない農産物の販売とされてきたので農業政策上では軽視されてきた。それでも、生活改良普及員はこの直売活動を支援してきた。個々の直売活動が地域活動に展開する契機になったのは「ルーラルフェスタ」である。1995（平成7）年、県内にある300近くの朝市・直売所を広域的連携させる企画を生活改良普及員が県庁

内で提案をした。反対意見もあったが、普及員が各部署に理解を求めて説得して回った甲斐もあり、山口県農山漁村女性連絡会議と関係市町村が協議会を設立し「ルーラルフェスタ」が実現した。そして、国道沿いで同日に一斉に朝市を開設する大イベントとなり、毎年11月に開催される恒例行事として定着していった[注5]。

　広域ネットワークをつくることで、消費者に朝市や直売所をはしごをしながら、多彩で新鮮な地域特産物を購入してもらうと同時に、その地域の伝統生活・文化を理解してもらう機会が広がった。消費者との交流を通じて、農村女性は、地域資源を再評価したり、新たな特産品開発に挑戦したり、社会参加と自己実現を両立する企業活動を起こしたりした。女性グループだけでなく、地域間のネットワークが一気に広がった。地産地消という農産物の流通方法を大きく変える基盤だけでなく、地域の活性化や起業化の基盤ができたのである（吉武 2013）。生活改善に端を発する農村女性たちの朝市や直売所の活動はむらづくり運動として全国的にも広がり、農政の事業に新しく取り組まれるようになっていった。

4.3.　農村女性への支援体制の変化

　1991（平成3）年、農林水産省は、「協同農業普及事業の運営に関する指針」の改正を重ねる中で、生活改良普及員の呼称を全国的に廃止して改良普及員に一本化した。これは事実上、生活改善普及事業の終わりを意味する。これに対して、山口県では県条例を出し、「生活改良普及員」として職務遂行上の区分をしてきた。山口県の状況を踏まえて全国の流れに同調できず、生活改善を継続させたことは特記すべきことである。2004（平成16）年に農業改良助長法の改正で改良普及員・専門技術員制度が「農業普及指導員」として全国的に一本化された時に「生活改良普及員」という名称は山口県からも消えることとなった。しかし、事業が終わっても、**表6-3**のように、山口県庁では、生活改善の看板を変えながら、農村女性を対象とする部署を設置し支援を継続している。

　生活改良普及員という名前は消滅したが、山口県は農業普及指導員が規模を縮小させながらも農村女性を支援しており、1987（昭和62）年に発足した農家

表6-3　山口県における農山漁村女性を支援する部署の変化

年度	1995-1997 （平成 7-9）	1998-2005 （平成 10-17）	2006-2012 （平成 18-24）	2013-2017 （平成 25-29）	2018- （平成 30-）
部	農林部		農林水産部		
室	農村女性・むらおこし推進室		農山漁村・女性対策推進室		
課	普及教育課		農林水産政策課		
班	生活改善係	農村生活班	農山漁村・むらお こし推進班	女性企業育成班	農山漁村女性活躍 推進班
センター		2000-2012（平成 12-24） ルーラルウェルカムセンター		農山漁村女性企業 支援センター	農山漁村女性活躍 支援センター

出所：山口県農山漁村女性活躍支援センターからの情報提供

　生活改善士制度によって認定された農家生活改善士がかつての生活改良普及員のように各地で活躍している[注6]。生活改善士制度は、農業・農村の担い手として頑張ってきた農村女性が知事認定を受け、社会的評価を受ける制度として定着し、女性自身の意識改革と資質向上、並びに本県農業の振興と活力あるむらづくりに寄与している。農村女性を「農家生活改善士」に認定するなどの社会的な評価が女性たちの自信や責任感の醸成にもつながった[注7]。

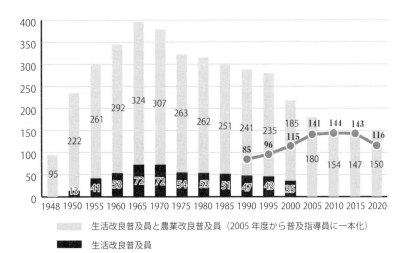

図6-1　山口県における普及指導員（生活改良普及員を含む）と生活改善士の推移

出所：指導員・普及員の数は協同農業普及事業年次報告書、生活改善士の数は山口県農林水産部からの情報より筆者作成

5.　条件不利地で展開するむらづくり運動

　以上が、山口県の生活改善普及事業という農村開発がむらづくり運動という内発的な農村発展に転換してきた経緯である。普及事業は、第3章で触れたようにアメリカの普及事業を模倣して日本政府が適応・再編成しながら進められてきたが、山口県においては尾崎三雄のリーダーシップのもと、国の事業を適応させつつも、山口県の実情に合わせて山口県方式に再編成した普及事業が徹底されてきた。これは、尾崎が農林省出身で国との連携が密にできる環境があったことと同時に海外の農業・農村事情を理解していたことが大きい[注8]。初期の生活改善普及事業は、全国的に大きな差はなかったと言われるが、立ち上げの段階で、山口県の農村を調査する機関を農業試験場の生活研究室という名のもとに置き、調査と実践を繰り返してきた。このことが山口県の生活改善の基礎となる。

　さらに、高度経済成長に入ると、農村の貧困という明確な課題が緩和されたため、生活改善の意義や重点項目は各県で大きな差異となって現われてきた。農業においても、生活改善においても、効率化が進められる中で、山口県は農業においては条件不利地で、兼業を伴う小規模農家で構成されているという地域特性から、山口県独自の方式をとり、地域に密着した姿勢と自主性を促す方法だけは変えず、三層五段階思考法や集落点検等を繰り返して農村女性が主体的に活躍する素地をつくっていった[注9]。

　大きな転換点は、平成前後の女性たちの活動が地域に広がっていった朝市・直売所の活動である。各地の女性たちの声を拾い活動をつなげてルーラルフェスタというむらづくりのネットワークを構築したのが山口県の生活改善を担ってきた部署であり各地に点在する普及事務所の生活改良普及員であった。外部介入的な働きかけであったかもしれないが、これによって各地の取り組みは他の地域と切磋琢磨する関係を持ち始め、女性だけの活動ではなく地域の人々が主体となるむらづくり運動へ展開していった。開発が発展に転換するための行為者の主体性は生活改善という長い年月で養われ、徐々に内発的発展の度合いが強まっていく動きが見られ、ルーラルフェスタという大きな仕掛けによって明らかに発展へ転換したという流れが山口県では見られたと言えよう。ただ、

発展に転換したからといって、後方支援が不要ということではなく、程度は小さくとも山口県の外部支援は継続しており、退職した普及員と農村女性との交流が続いているところもある。

　この平成初期に農林水産省は生活改善普及事業を終わらせたのだが、山口県が生活改良普及員という名称を残して十数年も全国の流れに同調しなかったことは特記すべきことである。福井県で生活改善にかかわっていた井上（2012）は、「生活改良普及員という呼称がなくなってからは、普及の現場では『農家のよさを活かした暮らし』といったことは論じられることがなくなった」と指摘しているように、社会開発という生活面よりも儲かる農業という経済開発に重点を置くことが可能な県もあり、それが全国的にも主流となっていった。戦後は貧困緩和という全国共通の目標があったが、高度経済成長期になると経済開発に軸を置く普及事業となり、平成に入って社会開発の要素を持つ生活改善普及事業が収束していったのが全国的な流れである。しかし、山口県のような条件不利地では地域に適応した独自の農村開発が必要となり、「開発」をいかに「発展」に転換できるかが鍵となり自立発展性（Sustainability）への萌芽につながったのである。

　日本を含む各国の農業政策では、家族農業は「小規模」で「非効率」、ときには「時代遅れ」の存在と見られることが少なくなく、したがって「大規模化」「法人化」し、「近代的技術・資本」を取り入れて、経営を「効率化」しなければならないと考えられてきた。経済成長期に日本の農業政策が、機械化・大規模化・企業化に舵を切ったとしても、山口県は、小規模農家が多かったため、いわゆる「時代遅れ」の部類に入ることとなった。ある意味、条件不利であるがゆえに、農村課題が貧困問題から過疎化・少子高齢化の問題になっても、生活改善普及事業を通して「考える農民」へと成長した農村女性は地域の特徴を生かしたむらづくりを行い、内発的な農村発展の主体となったと言えよう。

謝辞
本研究を進めるにあたり、元山口県農業試験場営農生活研究室室長の高橋伯昌氏からは敗戦後の農村を途上国のようにみて立論するやり方は根本的な誤りに落ち入るのではないかという誠意あるコメントをいただきました。この課題は今後真摯に検討していきたいと思います。また、元山口県農林水産部審議監の吉武和子氏、山口県農林水

産部農山漁村女性活躍推進班の安良田美恵子氏からは情報提供等のご協力いただきました。この場を借りて御礼申し上げます。

本研究は、JSPS科研費16H03708・19H01584の研究成果の一部です。

［注］

1　当初、生活改善は農家の女性を対象としていたが、後の漁家の女性も対象とするようになった。現在は「農山漁村女性」ということが多いが、本章では「農村女性」と統一する。

2　瀬戸内海沿岸にコンビナートが形成されたことなどから男性の出稼ぎが増え、残されたじいちゃん、ばあちゃん、かあちゃんが農業を営む「三ちゃん農業化」や上述したいずれかひとりが農業を営む「一ちゃん農業化」が進み、農村女性が農業生産の主要な担い手になった。1974（昭和49）年の基幹農業従事者数に占める女性の割合は、全国平均が56.4％であるのに対して、山口県は、65.4％になっている（農林省1975）。

3　農業改良助長法には「専門技術員は試験研究機関と密接な連絡を保ち、専門の事項について調査研究するとともに改良普及員を指導する」と、その任務が規定してある（山口県1969）。

4　先進地視察を機に自分たちの加工所を自らの資金でつくり生活改善活動を活発化させた事例もあり、21世紀に入ってもその活動は続いている（辰己・農文協編2009）。

5　朝日新聞（平成7年11月19日、平成11年11月7日）。

6　漁村生活改善士の認定制度は、同様の基準で1990年に発足している。

7　豪雨災害復興の集落点検では、他地域の生活改善士がファシリテーターとなり、被災者の支援にあたった（辰己ほか2015）。

8　尾崎に抜擢されて山口県庁に就職し、山口県産業試験場営農研究室室長を長く務めてきた高橋伯昌氏との往復書簡によると、尾崎さんは農林省でGHQとも渡り合っていたという（2023年2月8日付）。また、尾崎は退職後も、講演等で山口県の普及事業に影響を与えていた（尾崎1962）。

9　集落レベルでの女性たちの活動は、辰己・農文協編集局2009を参照されたい。

参考文献

藤井チエ子（1999）「農村女性・高齢者の活気から明るい未来が見えてくる」『農村文化運動』153号、農山漁村文化協会、10-20頁

木下讓治（1998）「農村社会学の展開と課題」『社会分析』第26号、1-15頁

市田（岩田）知子（2001）「戦後改革期と農村女性」『村落社会研究』第8巻第1号、24-35頁

――――（1995）「生活改善普及事業の理念と展開」『農業総合研究』第49巻第2号、1-63頁

今村奈良臣（1998）『地域に活力を生む、農業の6次産業化：パワーアップする農業・農村』（財）21世紀村づくり塾

井上照美（2012）「現地報告『普及が育む農村女性リーダー』への一考」『農村生活研究』第55巻第1・2号、61-65頁

岩本純明解説・訳（1998）『農業（GHQ日本占領史40）』日本図書センター

国際協力機構（JICA）（2010）『クロスロード増刊号 途上国ニッポンの知恵』第46巻、第537号

水野正己・堀口正編著（2019）『世界に広がる農村生活改善』晃洋書房

農林省農林経済局統計情報部編（1975）『農業調査累年統計書　昭和35～49年』

農林省農業改良局（1954）『生活改善　普及活動の手引き（その1）』農業改良局普及部生活改善課

農林省生活改善課（1969）『生活改善普及事業二十年の歩み』

農山漁村文化協会編（1999）「生活農業論：「生活」視点で拓く農業・農村の展望」『農村文化運動』第153号、農山漁村文化協会

──────（1993）「生活農業論へのアプローチ」『農村文化運動』第127号、農山漁村文化協会

農山漁村女性・生活活動支援協会（1987）『これからの普及活動をどうすすめるか』

小田切徳美（2008）「農山村再生の課題：いわゆる「限界集落」問題を超えて」『世界』8月号、岩波書店、234-246頁

大塚久雄（1955）『共同体の基礎理論：経済史総論講義案』岩波書店

尾崎三雄（1962）「第2回山口県農村青少年技術交換大会講師依頼一件」

尾崎三雄・鈴子（2003）『日本人が見た'30年代のアフガン』石風社

斉藤昌彦（2009）「農村女性とむら」坪井伸広・大内雅利・小田切徳美編著『現代のむら：むら論と日本社会の展望』農山漁村文化協会

佐藤寛（2008）「農村開発における『モデル』アプローチの意味」水野正己・佐藤寛編『開発と農村』アジア経済研究所、247-273頁

関根佳恵（2019）「国連『家族農業の10年』と『小農の権利宣言』から読む国際農政の大転換」『文化連情報』第492号、16-19頁、日本文化厚生農業協同組合連合会

鈴木均（2017）「アフガニスタンから山口へ～尾崎三雄氏の事例から」桃木至朗監修、藤村泰夫・岩下哲典編『地域から考える世界史：日本と世界を結ぶ』勉誠出版、34-49頁

小規模・家族農業ネットワーク・ジャパン編（2019）『よくわかる国連「家族農業の10年」と「小農の権利宣言」』農山漁村文化協会

小農学会編著（2019）『新しい小農：その歩み・営み・強み』創森社

高橋明善（1975）「農村社会学における生活研究と社会構造研究：方法的反省と展望」北川隆吉監修『戦後日本の社会と社会学　第2巻　社会・生活構造と地域社会』時潮社

高橋伯昌（2002）「学会功績賞受賞と「生活農業論」」『農村生活研究』第46巻第2号

──────（1999）「『集落点検活動』の独自性とその意義」『農村文化運動』第154号、農山漁村文化協会、53-55頁

──────（1998）「生改事業と新しい、農業論」『九州農村生活研究会会報』第7号、514頁

辰己佳寿子（2022）「山口県における生活改善の普及方法と生活改良普及員の役割」『山口県史研究』第30号、1-22頁

──────（2021）「山口県における生活改善と農山漁村女性の変化」『山口県史研究』第29号、93-116頁

──────（2019）「山口県の生活改善における女性リーダーと生活改良普及員」水野正己・堀口正編『世界に広がる農村生活改善』晃洋書房、42-61頁

──────・野村悟治・広田啓子・垣内知美（2015）「豪雨災害の復旧・復興に向けた普及活動と地域の取り組み：山口県北部・豪雨災害（平成25年7月28日）からの報告」『地域共生研究』第4号、1-21頁

──────（2012a）「農村開発／発展の社会学的アプローチに関する一試論」『国際開発研究』第21巻第1・2号、73-88頁

—————(2012b)「むらづくりにおける農家女性の役割」『やまぐち地域社会研究』147-158

—————(2009)「『開発社会学』の挑戦」下村恭民・小林誉明編『貧困問題とは何であるか：「「開発学」への新しい道』勁草書房、129-175頁

—————・農文協編集局(2009)「「女性の力」で地域をつくる」『農村文化運動』第194号、農山漁村文化協会

—————(2008)「戦後山口県の生活改善運動と農村社会学」水野正己・佐藤寛編『開発と農村』アジア経済研究所、51-79頁

鶴見和子(1996)『内発的発展論の展開』筑摩書房

—————(1976)「国際関係と近代化・発展論」武者小路公秀・蠟山道雄編『国際学：理論と展望』東京大学出版会、56-75頁

徳野貞雄(2021)「戦後農村社会学は、何を追いかけてきたか」『社会分析』第48号、7-29頁

—————(2011)『生活農業論：現代日本のヒトと「食と農」』学文社

富田祥之亮(2011)「農山漁村における『生活改善』とは何だったのか」田中宣一編著『暮らしの革命：戦後農村の生活改善事業と新生活運動』農山漁村文化協会、28-58頁

山口県(1981)「活力とうるおいのあるむらづくりをめざして－明日の農山漁村を考える－ 地域づくりと婦人農業従事者の役割　県セミナー資料No.2」

—————(1969)『普及事業二十年の歩み』

—————(1959)『普及事業十年史』

山口県農村女性・むらおこし推進室(2006)『山口県における農山漁村女性の生活改善を支えた生活改良普及員の足跡を追って』

—————(1999)『県境朝市サミットまでの道のり－行動する農山漁村の女性たち　私は、わが家のあーてぃすと！』

山口県農林部普及教育課編(1978)『普及事業三〇年史』

山邉勝・吉武和子(2013)「女性起業とそのネットワーク－山口県」小田切徳美・藤山浩編著『地域再生のフロンティア：中国山地から始まる　この国の新しいかたち』農山漁村文化協会、117-153頁

第7章　人づくり　外発と内発の中で創られていった保健婦

坂本　真理子

1.　はじめに

　日本における保健婦（現在では保健師[注1]と呼称されるが、本書では時代背景から保健婦と称する）は、地域密着型の活動を特徴とする数少ないフィールド型の公衆衛生分野の専門職である。日本の保健婦のルーツは戦前におけるイギリスやアメリカの社会事業と言われている。その後、GHQによる介入を受け、日本に定着する経過の中で、独自の職業的な発展を遂げている。日本の保健婦はある意味、外から持ち込まれたプロジェクトがその国や地域が持つ内発的な取り組みと相まってどのように定着したかという経過を見ることができる事例でもある。

　本章では、まず、外部から持ち込まれた発想、言わば外発的機会によって誕生した保健婦という職業が、我が国にどのように受け入れられていったのか歴史的な変遷を述べる。その後、保健婦という職業の特性が、地域密着型の活動と行政組織の中での特異的な立ち位置の中でどのように形づくられていったのか、そして、保健婦の活動へのモチベーションを支え、職業観に影響を与えていった学習活動という、内発的な観点からの解説を加える。保健婦という一つの職業が外発と内発の中で定着した後、安定がもたらされた中で問われるものについても触れていきたい。

2.　歴史的な連続性の中で創られていった保健婦という職業
―二つの外発的機会

　日本で保健婦という職業が誕生した源流は大正時代から昭和初期に遡る。その源流は、民間の社会事業としての公衆衛生看護活動と、民間の医療機関が開始した公衆衛生看護活動である。いずれもイギリスやアメリカにおける社会事

業や公衆衛生活動に影響を受けたものであり、外発的な機会により誕生したものであると言える。

　第一次世界大戦により物価が高騰し、労働運動が激化していた背景のもと、1916（大正5）年、東京帝大キリスト教青年会が、学生会館を建設し、会館の一室を診療所にして翌年から夜間の無料診療所を始めた。そこでは専任の助産婦による妊産婦の診療、助産、乳幼児の健康相談、託児事業が行われ、助産婦が社会事業に組み入れられたという記録が残っている。また、同時期に、大阪では1920（大正9）年に大阪市立産院・乳児院・児童相談所による無料出産介助を業務の中心とした、妊娠、出産、保育に関する相談が行われた。その後、訪問看護婦による訪問事業へと拡大した（高橋・名原 1993）。

　いわゆるセツルメント運動[注2]と言われる社会事業に看護職者が組み込まれたことと同時に、看護婦が病者だけではなく、健康者も扱って、疾病の予防・健康増進を目的とする業務を始めたということは当時の日本においては、新しい取り組みであった[注3]。1923（大正12）年に起きた関東大震災後の翌年には、震災によって急増した貧困層の医療需要に応ずる臨時的な事業として恩賜財団済生会（以下済生会）巡回訪問看護婦事業が発足している。関東大震災の被害者への救急医療に立ち上がった医療機関の中でも、済生会の活動は目覚ましく、いち早く救護活動を開始した。その後、人々がバラック生活を始めると、済生会は社会事業的な巡回診療と訪問看護活動を組織的に定着させた（高橋・名原 1993）。済生会巡回看護事業は、市民の医療需要に基づき、きわめて広範囲の業務内容であった。これらの実践が保健婦活動の萌芽と捉えられている（大国 1973）。

　近代の保健婦事業に近いものは、1927（昭和2）年に大阪乳幼児保護協会が独自に設立した小児保健所である。大阪乳幼児保護協会は小児保健所事業の中核が「保健婦活動」であるとし、乳幼児の健康管理を主目的として来所相談、家庭訪問による「保健指導」を実施した。注目すべきことは、小児保健所では看護婦の転用ではなく、当時社会的信用が得やすいと思われた高等女学校卒業者に日本赤十字病院で1か月の講習を受けさせ保健婦として採用したことで、その内容はソーシャルワーカー的な性格が強く、きわめて多岐にわたる活動となっていた。同じ大阪で1930（昭和5）年に朝日新聞社会事業団がアメリカで

公衆衛生看護を学び実地経験を積んで帰国した保良せきを指導者に迎え、訪問看護事業を開始した。事業対象は地区全般の保健に関するあらゆる問題で、看護と衛生教育を主体としながら、レクリエーションにまで及ぶ多彩なもので、アメリカのセツルメント形態を再現したものであった。

　同じ頃、東京では1922（大正11）年に日本赤十字の看護婦養成に社会的看護事業が追加された。1927（昭和2）年には聖路加国際病院訪問看護部における保健婦事業が発足した。アメリカ人の指導者ヌノが聖路加病院へ招かれ、乳幼児健康相談所を充実させた。その後、ボストンで公衆衛生看護を学び帰国した平野みどりが主任になり、訪問看護部が事業を開始した。聖路加国際病院との共同事業として、初期は日本赤十字から人材確保を行い、その後聖路加女子専門学校（高等女学校卒業後3年間）に研究科ができ、アメリカにモデルを得た保健婦養成が開始されたのであった。

　社会事業としての公衆衛生看護活動は都市だけではなく、農村においても広がりを見せ、独自の発展を遂げていった。しかし、当時従事していた保健婦の教育レベルや活動内容にはばらつきがあった。当時、呼称されていた新しい職業の名称としては「社会保健婦」という名称が最も多かった（山岸 1999）と言われ、当時の保健婦の機能や役割が社会事業に近いものであったことがうかがえる。後に保健婦規則が制定される前に、保健婦の名称決定において「社会保健婦」と「保健婦」という二者択一の調査が行われた。川上（2013）によると「社会保健婦」が支持された理由は「保健婦がもともと保健指導のみでなく、広く社会事業活動も行い活動内容の広範さから妥当」というものであり、「保健婦」が支持された理由は「『社会保健婦』の否定的な側面を表したもので、つまり『社会保健婦』は社会事業的活動を行うといった面に活動が限定して捉えられ、逆に狭い考え方となってしまうという懸念」（p141）であった。川上（2013）は、厚生省衛生局に在職する人物であった井上呞全が「保健婦」という名称を積極的に支持し、「社会保健婦」という名称をやや強い調子で排除する発言をしており、後に保健婦規則を制定する主管部局となった厚生省衛生局に在職する人物が公衆衛生行政領域と社会事業領域とが一線を画す方向へ進む予兆であったのではないかと述べている。

　1926（大正15）年、「政府が主要都市に設置を勧奨した『小児保健所』事業は、

その職員として『保健婦』を位置付けた」(川上 2013: 29) ものの、法律の中で初めて「保健婦」という名称が使われたのは1937 (昭和12) 年に制定された保健所法の中であり、1941 (昭和16) 年の保健婦規則で初めて「保健婦の名称を使用して疾病予防の指導、母性または乳幼児の保健衛生指導、傷病者の療養指導、その他日常生活上必要なる保健衛生上の業務をなすもの」という身分が明らかにされた。民間主導の公衆衛生看護活動が開始されてから、かなり後になってからのことであった。

　戦後、GHQ による医療改革の一環として、1948 (昭和23) 年に保健婦助産婦看護婦法が制定され、新制度のもとで保健婦という資格が改めて法律に位置づけられ、必要な教育内容が定められた。GHQ は保健婦を、公衆衛生を基盤とした看護制度として整えていった。前述した厚生労働省の公衆衛生行政領域と社会事業領域とは一線を画すという方針も加わった。むしろ社会事業の色あいが濃かった戦前の保健婦とは異なる側面の強化であった。これが保健婦という職業に影響を与えた二つ目の外発的な機会である。戦前にイギリスやアメリカにおける社会事業や公衆衛生活動の実践に発想を得て誕生した保健婦活動は、戦後に GHQ による強力な指導を受けて公衆衛生に基盤を置く制度として大きく転換していった。しかし、戦後の活動には、戦前に保健婦活動を担った人材が積極的に登用されたことから、社会事業としての性質は完全に消失することはなく、人から人へと伝承されていったことは特筆すべきことであったと言ってよい。

3. 地域密着型の活動と行政組織の中での特異的な立ち位置の中で創られていった保健婦の特性

　日本の保健婦活動を表す特性として、地域密着型活動の優先がある。「保健婦は足で稼ぐ」という表現は現在でも、先輩から後輩の保健婦へと語り継がれている。交通機関も十分にない郡部で活動を行っていた保健婦たちによる手記には「足で歩く」「足を棒にして家庭訪問に毎日が明け暮れる」「足で歩くしか方法がない」「最初はまず廻ってみる」といった表現が散見される。保健婦たちは「足で稼ぐ」、つまり「地域に出向くこと」にこだわっていた。筆者は保健婦たちがこだわってきた地域密着型の活動形態こそが、逆に保健婦という職業の

アイデンティティを形づくったのだと考えている。

　戦前においても戦後においても、保健婦たちのアプローチの基盤となったのは、住民のもとに頻繁に足を運び、まず保健婦という存在を認めてもらうことだった。住民に保健婦の果たす役割が認知されているわけではなかったからである。家庭訪問により住民の生活実態を把握できるようになると、農村や山間地域などで活動していた保健婦たちは、生活全般にわたる改善なくしては住民の健康を守ることなどできないという現実に直面する。家庭の経済を安定させるため営農指導員とともに営農に関して働きかけたり、生活改良普及員と連携し生活改善活動にも積極的に取り組んだりし、その活動内容は広範囲にわたった。都市部と郡部の経済格差が大きかった時代、特に郡部における、住民の生活に寄り添った地道な活動が、住民の健康状況を少しずつ変化させていった。

　当時の保健婦には明確な業務規定がなく、住民の生活の最前線に立つ保健婦の判断に任された部分が大きかった。保健婦として、どのような地域の健康課題に取り組むかと考えたときに、まずは住民の生活の場に足を運び、受け入れてもらい、住民のニーズをさぐる活動から開始しようとしたのは自然なことであったと言える。住民の生活や健康に関するニーズをさぐり、住民とともに生活や健康状態を改善していくことで、成果を上げ住民の信頼を得ていくプロセスは、乏しい医療資源や交通アクセスなど不便な生活環境のもとで働く保健婦にとって、活動を継続する大きな動機づけとなったと考えられる。

　保健婦が地域の健康課題に取り組むには、住民との協働が何より必要であった。保健師とともに戦後の保健活動を推進した存在として代表的なものが、「愛育班」や「結核予防婦人会」である。愛育班活動とは1934（昭和9）年に皇太子殿下誕生時に、天皇陛下から御下賜金があり、文部省と内務省（当時）が認可し創設された。持田（1993）によれば、当時の重要課題であった乳児死亡率改善のために、農山漁村にあった母子保健対策として、村ぐるみで取り組む『愛育村事業』が考案された。愛育村事業の中核をなしたのが「愛育班」であり、既婚女性を分班長、次の時代に母となるものに活動を体験させて学ばせるという配慮から未婚女性を班員とする役割分担が方向づけられていたという。戦後は、「民間団体として地域全体を網羅し、母子保健福祉を中心にして地域の健康づくりと連帯を目的に自主活動をする婦人の組織に変身した」（持田 1993）。

その後も保健婦は愛育班との協働のもとで母子保健の推進に成果を上げていった。愛育班活動は、一部の地域で現在も継続されているが、1968（昭和43）年、厚生省は愛育班活動等を参考に「母子保健推進員」という婦人ボランティアに予算補助を行い、全国に普及させていった。

「結核予防婦人会」は1950（昭和25）年に長野県内の国立療養所に結核患者を慰問された秩父宮妃殿下（当時結核予防会[注4]総裁）が、長野市連合婦人会幹部らを結核予防活動に尽力するよう励まされたことがきっかけとなり、長野市結核予防婦人委員会が結成された（公益社団法人全国結核予防婦人団体連絡協議会ホームページ）。その年に長野県の学童に結核の集団発生があったことをきっかけに、子どもを守る母親の運動として始まり、その活動は1957（昭和32）年に他県へも広まった。1962（昭和37）年には結核予防週間の標語として「主婦の力で結核をなくしましょう」が採用されている。1951（昭和26）年の日本での結核罹患率は698.4（人口10万対）、死亡率は146.4（人口10万対）という凄まじい数値を示し、「国民病」と称される疾患であった。住民組織の協力が得られたからこそ、大々的な集団検診が実施できたのである。

　地域住民のもとに足を運び、住民とともに健康課題に取り組み成果を上げていく過程は多くの保健婦たちを魅了し、保健婦活動の特性として発展していった。

　筆者は保健婦という職業の特性に影響したもう一つの要因があると考えている。多くの保健婦は都道府県や市町村といった自治体の行政組織の中で働いている。行政とは、国や自治体が、定められた規則・規範（法律）に基づき執行する作用を有している。行政の職員は大部分が事務職員で、行政の運営はこれらの事務職員が中心となって行われる。法や制度をいかに遂行するか、事業実施の手続きに主眼を置くことが多い行政組織の中で、前述した地域密着型の活動特性から、保健婦は行政組織の中では特異的な立ち位置にあった。その特異的な立ち位置により、地方公務員としての立場と住民側に近い立場とで板挟みになる葛藤を抱えることもある。

　その象徴的とも言える二つの事例を挙げよう。

　1960（昭和35）年に北海道を中心に小児マヒの感染が発生し、瞬く間に全国で発生した。5000人を超える発症例があり、300人以上は犠牲となった。国は、

当時有効とされたソ連の生ワクチンの輸入に消極的であり、輸入がなかなか進まなかった。1961（昭和36）年も流行は続き、「ポリオ患者発生数即日集計」が毎日報道された。全国の母親は我が子に生ワクチンを投与してほしいと必死の運動を広げ、国も緊急輸入を決定し、ソ連から1000万人分のワクチンが届けられた。ワクチン投与後、流行は急速に収束した。ポリオ生ワクチンを獲得する運動は、母親、医療者、マスコミによる報道などが合流し、全国的に拡大していった運動である（以上西沢による記載、2009）。ポリオ生ワクチン獲得運動は子どもを思う全国の母親を中心とした運動であったが、地域で働く保健婦の中にも参加する姿があった。北海道の保健婦だった石城（1992）は著書の中で、署名活動をする先輩保健師の姿を描いている。当時の国の考えや行政の立場からすると、公務員である保健婦は行政の方針に従い慎重な姿勢となるところであろうが、母親たちとともにポリオ生ワクチン獲得運動に個人として参加した保健師の姿もあったのである。

　1955（昭和30）年に発生した「森永ヒ素ミルク中毒事件」は公衆衛生における大きな事件として伝えられる。西日本一帯で発生したもので、粉ミルクにヒ素が混入したことで、1万2131人（死亡130名、1956年厚生省調べ）の乳幼児が被災した。当時、日本では「赤ちゃんコンクール」に象徴される発育優良児の表彰が行われ、母乳の代替品としてのミルクが推奨されていた。ヒ素による原因が明らかにされた後、森永粉乳の使用停止や未使用缶の回収が行われた。BAL剤（注：ヒ素などの重金属中毒を解毒する薬剤）等を用いた治療により、被災児たちの臨床症状は急速に消退し、年内にほとんどが治癒したと判断され、翌年の一斉精密健診の結果、「後遺症として認めるものはない」として、この事件は処理された。しかし、森永ヒ素ミルク中毒が発生した14年後の1969（昭和44）年に衛生学者であった丸山博は保健婦や医学生たちと「森永ヒ素ミルク中毒の事後調査14年目の訪問」を行い、後遺症に苦しむ対象者の実態を明らかにしたのであった。当時の保健婦たちの中には保健指導の中で母乳の代用品としてのミルクを推奨したことが被害を拡大させる一端を担ったのではないかと自問するものたちも多かった。

　地域密着型の活動への価値を持ち、行政組織の中で特異的な立ち位置であることは、保健婦という職業の持つ強みである反面、保健婦たちが社会的な問題

に意識的に取り組もうとする時、中立的であるべき公務員として、矛盾に満ちた立場に陥るという側面も生じるのである。

4. 保健婦たちの活動へのモチベーションを支え、職業観を培った学習活動

　保健婦たちの活動継続のモチベーションにつながり、職業観を培っていったものとして、公私にわたる学習活動について触れておく必要があるだろう。限られた人数の配置であり、時には単独で活動を行わなければいけない保健婦にとって、活動の継続を支えるモチベーションは保健婦同士の情報の共有や励まし、学ぶことへの意欲であった。

　戦後、GHQ は新制度となった保健婦の再教育に力を入れ、郡部を含めた地方の人材を中央の教育機関に集めて教育を行った。人材を中央（国立公衆衛生院、現国立保健医療科学院）に集めて教育し、教育を受けた人材が地方で普及を図るという形態は、公的な現任教育の方法として現在に至るまで継承されている。また、逆に、地方における優れた取り組みを中央に集めて評価し、モデルとして普及を図るという中央と地方の双方向性の情報の交流も意識的に取り入れられていた。

　農村や離島などで単独で活動を行っていた保健婦にとって、情報の伝達は切実なニーズであった。保健婦の歴史研究家である名原（1993）は、駐在制を取り入れていた高知県の保健婦制度の特色の一つとして 1 年に 2 回、県下のほとんどの保健婦が出席する 4 日続きの合宿研修会を紹介している。沖縄の離島に赴任していた公衆衛生看護婦たちは、当時の琉球政府厚生局の看護課長らの定期的な訪問を受け現場での指導や支援を受ける機会があった。離島で勤務する公衆衛生看護婦らは「月に一度、管轄保健所で開催された定例会議に集い、担当地区の保健問題や住民の事例を発表し合い、さらに年 1 回は全地区の公衆衛生看護婦の研究発表会が実施され、問題解決の糸口を学ぶことにより、互いに職能人としての刺激と知識を獲得する機会が設けられていた」（小川 2018：112）。保健所から遠く離れて、日常的に相談相手もおらずに、孤軍奮闘する保健婦にとって、こうした機会は何よりも活動継続の励みにつながった。

　保健婦が自己啓発していく方法は必ずしも公的な教育や研修だけではなく、

保健婦たちが自主的に勉強会を組織し、実践を共有し、励まし合うという取り組みも見られた。1952（昭和27）年、「保健婦の有志が、地域住民の側に立ち切って働く保健婦活動を求め"サークル土曜会"[注5]が生まれ」た（坂本ら 2018）。坂本（1993）は「土曜会」について、以下のように語っている。「私にとってそれは保健婦の仕事の本質は何なのか、地区住民に密着して健康を守るということはどういうことなのかと多くの仲間の実践の中から是非とも学ばねばならないという強い要求から生まれたものだった」（p3）。「土曜会」が結成されたのは、保健所の曲がり角の時期であり、活動に行き詰まりを感じていた保健婦も多かった。橋本（1993）は「保健婦は、保健婦規則制定以前も以後も、乳幼児や在宅患者の健康問題の導き手として、訪問や衛生教育の方法で献身的に活動していました。農村でも都会でも、住民の痛みをわが事のように考えて、住民と向き合って何とかしたいと実践された先輩のスピリットが、有形無形に後輩に引き継がれてきていました。（中略）現在からは想像もできない環境の中で、一人では難しいが志を同じくする仲間と力を併せれば、行き詰った仕事の壁が明らかになり打ち破れるのではないかと、機が熟したかのように集まってきたのが誕生の必然性だったと思います」と語っている。「土曜会」には、保健婦だけでなく、暉峻義等、丸山博、久保全雄、田辺正忠ら、その後の日本の公衆衛生に影響を与えていく人材の関与が見られた。「土曜会」のようなサークルは東京だけでなく、その後大阪、京都、和歌山と全国に広がっていった。

　こうした活動に共通していたのは若い情熱を持った保健婦たちを支えた理解ある公衆衛生医の姿があったことで、大阪大学医学部公衆衛生学部や京都大学医学部公衆衛生学教室などは、保健婦たちに集まる場を提供し、助言を与えることで保健婦たちの活動を支えていった（橋本 1993）。

　1969（昭和44）年1月には第1回目の「自治体に働く保健婦のつどい」（現「全国保健師活動研究集会」[注6]）がスタートした（菊池 2018）。林（1992）は「私のあゆみ」という文章の中で「つどい」は元気を生み出す学習の場と表現し、以下のように語っている。「…人の実践を詳しく聞ける機会が『つどい』にはある。同じ保健婦であっても仕事の中身に変化があり、より住民密着型であるか、公務員として命ぜられた仕事遂行型であるかは、『つどい』に参加して人の話を聞いていると、自分の鏡を見ているような人に出会い、反省させられることが多い。

　私たちは、ついあれがないからできない、体制がないからできないと言いがち
であるが、全国から集まる人の話を聞くと、『よくやるなあ、元気のもとは
何？』と尋ねたいほど、住民大好きとほれ込んで仕事をしている人がいる」。
林は別稿において、「『乳幼児医療無料化』の運動や、『障害児親の会』、母性保
護運動などに参加したひとの話を聞くと、全国の保健婦のなかに、新しい経験
がつみあげられているのがわかる。（中略）保健婦仲間の話しあい、労働組合活
動、母親運動のなかなどに、「かべ」を破る行動源があると、それらの経験は
教えている」(p54) とも語っている。
　こうした、保健婦たちによる自主勉強会の取り組みは孤立しやすい環境下で
活動する保健婦を励ます役割を担った。例えば、常に住民側に立ち、果敢に活
動を続けてきた乾死乃生 (1992) は著書の中で「地区住民の要求を取り上げ、地
区に結びついた活動をすればするほど、私の立場は苦しくなって、町内会とグ
ルになっているとか、地区を煽動して住民運動を起こしていると言われた」
(p3) 体験を語っている。乾はその後も同和地区での活動や難病問題への取り
組みと人権と命を守る活動に邁進し、毎年の「つどい」で保健婦の責務につい
て発信し続けた。そんな乾に「『つどい』とは私を鍛えてくれた教師である」と
言わしめている (p22)。自主勉強会は単に保健婦たちを励まし、つなぎとめる
だけではなく、彼女たちの活動に大きな影響を与えていったのである。

5.　職業としての定着の後に問われるもの

　保健婦は外発的な介入を機会として誕生した職業である。戦前からのセツル
メント運動に端を発した社会事業から始まり、戦後の GHQ の介入により保健
医療を基盤とした職業教育が強化されたが、戦前からの保健婦活動を引き継い
でいった人材の存在から社会事業が持つ側面は消失せずに、活動特性の一つと
して継承されていった。活動の基盤が地域であった保健婦は、地域密着型の活
動に価値を置くようになり、それゆえに国や自治体が定めた規則や規範に基づ
き執行する行政組織の中では特異的な立ち位置での活動となった。これまで日
本が体験した多くの社会的な問題に出会うたびに、保健婦たちは住民と公務員
という立場の中で悩み、時に矛盾に満ちた状況に逡巡することもあった。日常

の活動を通じて生じた問題意識や行き詰まり感は地方を含めた多くの地域で誕生した自主研究会によって語られ、保健婦相互で励まし合うことが多かった。

　その後、日本は高度成長を遂げ、現在の公衆衛生を支える主な法律や施策が整えられていく。住民の生活スタイルが多様になり、保健サービスの提供も多様化、拡大の一途をたどっている。提供される保健サービスの質が高くなり、どの地域においても標準化されればされるほど、保健サービスの提供に費やす労力は増加していく。同時に、地域へ出向き、地域住民と共に保健活動を創っていく余地は削られていく。矛盾に満ちた立ち位置で、住民の視点で悩み、地域密着型の泥臭い活動をすることが日本の保健婦の特性であったとしたら、保健婦という仕事が公衆衛生の専門職として洗練されていく中で、その特性である泥臭さを手放すことになるというある種のパラドックスのような現象が生じるのかもしれない。しかし、外発と内発の中で創られ、職業としての定着に至った保健婦の歴史的な変遷を見ると、常に地域住民の生活や健康に思いをはせつつも、行政の中での特異的な立ち位置をむしろ強みに変えて活動に活かす、泥臭さとしたたかさを併せ持つことこそが、職業としての独自性と役割を果たすことになると思えるのである。

［注］
1　2001（平成13）年の保健師助産師看護師法の改正により、保健婦は保健師へと名称が改正された。この背景には、助産師資格を男子に開放すべきという要望がきっかけとなり、性別によって専門職の資格名称が異なる職種は看護職だけであったこと、また男女共同参画社会の推進という時代の流れもあり、専門職にふさわしい名称として保健師、助産師、看護師に改正している。なお、保健師の活動分野としては行政分野だけではなく、産業分野や医療、福祉分野などもあるが行政分野で勤務する保健師が約7割を占めている。本稿では行政で働く保健師についての解説としている。
2　原義は住居を定めて身を落ち着けること、定住。転じて、インテリゲンチャや学生が労働者街、スラムに定住して、労働者、貧困者との人格的接触を通して援助を与え、自力による生活の向上、社会的活動への参加を行わせるための運動・活動、施設、団体のことをいう。臨保事業ともいう。日本では、1891（明治24）年、宣教師アダムズ Alice Pettee Adams（1866-1937）による岡山博愛会が最初とも言われるが、セツルメント・ハウスとしては片山潜による1897（明治30）年の東京市神田三崎町のKingsley Hallが最初とされている。その後セツルメントは社会主義運動と結び付いて行われ、関東大震災後、急速な発展を遂げた。（コトバンク）
3　アメリカにおける公衆衛生看護事業は1893年ニューヨーク市に英国で教育を受けた看護婦によって訪問看護協会が設立され、貧困と病気とで苦しんでいる家族のために、訪問看護による援助を始められたのがその起りである（小林 1965）。

4 当時、結核は死因の首位を占めており、国民の衛生上の最大の課題であった。1939（昭和14）年に内閣総理大臣に賜った皇后陛下（香淳皇后）の令旨を奉戴し、内閣決定により設立された公益法人。現在は、総裁秋篠宮妃紀子殿下のもと、結核を中心に、肺がん、その他の呼吸器疾患の予防事業、調査研究および国際協力等を行っている。（https://www.jata.or.jp/）

5 「土曜会」は健康社会建設者協会（健社建）の保健婦部会として位置づけられ、「医師と共に、すべての人と連携して国民の保健を守る道を歩む」活動であった（坂本 1993）。健康社会建設協議会は、戦前より労働と栄養の観点から労働者、農民、開拓民の生活を調査し、日本における労働科学の創設者として知られる暉峻義等が1950（昭和25）年に設立した。終戦処理の日本再建運動の一翼を担う実践活動として、民主主義、主権在民の新憲法のもとで行われた運動である。

6 全国保健師活動研究集会は現在も継続されており、2019（平成31）年度で第51回の開催となった。

参考文献

大国美智子（1973）『保健婦の歴史』医学書院

小川寿美子（2018）「戦後沖縄の地域保健：人材確保と定着化をめざして」中村安秀編『地域保健の原点を探る』杏林書院

自治体に働く保健婦の集い編（1993）『土曜会に参加した保健婦たち』自治体に働く保健婦の集い

川上裕子（2013）『日本における保健婦事業の成立と展開：戦前・線中期を中心に』風間書房

結核公益社団法人全国結核予防婦人団体連絡協議会ホームページ（https://www.jatahq.org/fujinkai/annai/index.html　2023年3月8日取得）

菊池領子（2018）『保健師の歴史研究』No.015、NPO法人公衆衛生看護研究所

橋本怜子（1993）「土曜会の実践活動から学んだもの」自治体に働く保健婦のつどい編『土曜会に参加した保健婦たち』自治体に働く保健婦のつどい

林義緒（1973）『はたらく保健婦の姿』医療と人間と

―――――（1992）「私のあゆみ」小栗史朗・菊池領子・山岸春江編『公衆衛生の灯をともしつづけて：11人が綴る保健婦の軌跡』医学書院

石城赫子（1992）「開拓保健婦だった母の影を背負って」小栗史朗・菊池領子・山岸春江編『公衆衛生の灯をともしつづけて：11人が綴る保健婦の軌跡』医学書院

乾死乃生（1992）「難病のケアに行きつくまで」小栗史朗・菊池領子・山岸春江編『公衆衛生の灯をともしつづけて：11人が綴る保健婦の軌跡』医学書院

小林サエ（1992）「森永ヒ素ミルク中毒児を支え続けて」小栗史朗・菊池領子・山岸春江編『公衆衛生の灯をともしつづけて：11人が綴る保健婦の軌跡』医学書院

小林富美栄（1965）「アメリカの公衆衛生看護活動：その実情と考え方」『公衆衛生』29（9）、514-516頁

坂本玄子・名原壽子（2018）「看護師研究会のあゆみ」『保健師の歴史研究』15、NPO法人公衆衛生看護研究所、13-16頁

坂本玄子（1993）「土曜会の出発と五年間の活動」自治体に働く保健婦のつどい編『土曜会に参加した保健婦たち』自治体に働く保健婦のつどい

杉山章子(1995)『占領期の医療改革』勁草書房

持田兆子(1993)「母子愛育会と地域の保健婦活動」厚生省健康政策局計画課監修『ふみしめて五十年：保健婦活動の歴史』日本公衆衛生協会

丸山創・山本肇編(1987)『自治体における公衆衛生』医学書院

丸山博(2000)『復刻・解説版　保健婦とともに：21世紀の保健婦を考える』せせらぎ出版

高橋政子・名原壽子(1993)「我が国の巡回看護のめばえ」厚生省健康政策局計画課監修『ふみしめて五十年：保健婦活動の歴史』日本公衆衛生協会

名原壽子(1993)「駐在制の今昔─保健所保健婦の活動形態」厚生省健康政策局計画課監修『ふみしめて五十年：保健婦活動の歴史』日本公衆衛生協会

西沢いづみ(2009)「ポリオ生ワクチン獲得運動に見いだされる社会的な意義」『生存学研究センター報告書』10: 83-112頁(https://www.ritsumei-arsvi.org/publication/center_report/publication-center10/publication-71/　2023年3月8日取得)

終章　占領政策を開発援助として見る

佐藤　寛

1. 復興政策としての民主化と経済成長

　戦乱にせよ、自然災害にせよ、痛めつけられた社会を混乱発生以前の状態に戻すことが復興である。しかし、以前と全く同じ状態に戻すだけでは、同じような問題に直面した時に再び戦争が発生してしまう可能性があるし、同じ種類の災害が襲ったら同じように甚大な被害を受けることになる。それでは元の木阿弥だから、復興過程においては以前の状態よりも「より良い」姿を目指すのが正しい支援ということになる。2011（平成23）年の東日本大震災後の復興でも、2020（令和2）年以降のコロナ禍でも用いられるスローガンは「Build Back Better」であった。そして「より良い」を想定するときに外部支援者が一定の方向性（理想像）を設定するのであれば、それは途上国に対して用いる「開発」と同一の構図になる。

　すなわち1960-70年代の高度成長をもたらしたさまざまな復興過程は「開発」の営為であったとも言えるのである。だとすれば、GHQ主導の一連の占領政策は、「開発援助計画」としても見ることができる。

1.1. 開発援助の成功例としての米日関係

　周知のように、GHQの占領政策は当初は何よりも「民主化」に焦点化され、復興は二の次であった。勝者が敗者に対して懲罰的な占領を行い、二度と日本がアメリカに対して戦争を仕掛けないようにすることが、最重要課題だったのである。民主化推進の前提条件として「飢餓状態からの脱却」が必要だったので食料支援が行われたにすぎず、当初は日本の「経済復興」は明確に否定されていた。しかし、戦後の混乱が落ち着くと日本政府も国民も「復興＝経済成

長」を志向するようになり、アメリカ本国も冷戦期同盟のパートナーとして日本の経済力の強化にメリットを感じるようになった。こうして新たな援助方針として経済構造の改善を指導し（ドッジ・ライン）、さらにGHQ撤収後は世界銀行やアメリカの援助スキームを利用して「経済成長」を支援する政策をとるようになった。

このように、アメリカの占領政策と、占領終了後の同盟国としての日本に求める政策は、最終的に「民主化」と「経済成長」に収斂していった。この一連の過程でドナーとしてのアメリカは日本に対して「開発援助」を与えたのである。そして1960年代の高度成長によって「経済成長」という目標は十分に達成された。「民主化」についても、西側民主主義国家群の中に位置づけることができる程度には、民主的な制度が確立したという点でやはり成功ということができるだろう。

この復興＝開発を設計・支援したGHQ／世銀／アメリカを外部支援者（ドナー）とし、日本を被援助者（レシピアント）とするならば、今日の開発援助と同様な構図となり、高度成長を準備した戦後復興は、成功したドナー／レシピアントの共同作業と見ることができよう。民主化・経済復興に向けて、双方がそれぞれのやるべきことをきちんと果たした、理想的なドナー・レシピアント関係だったのである。だとすれば、なかなか成功しない今日の民主化支援、経済成長支援のために、この経験をモデルとして提示できないだろうか。

1.2. 民主化援助の先駆例としての占領政策

日本の占領が始まるのは1945（昭和20）年で、トルーマン大統領が途上国に対する技術協力を中心とした援助戦略であるポイント・フォア計画を表明するのは1949（昭和24）年である。つまり、GHQはポイント・フォア以前から日本への開発援助を開始していたとも言える。占領政策としてのGHQの主眼は「日本を民主化する」ことであり、アメリカは勝者として敗戦国日本に民主化という開発目標を押し付けることができた。他方で同じ戦災国であった欧州各国に対するアメリカの復興援助計画（European Recovery Program）はマーシャル（国務長官）プランとして1947（昭和22）年に発表されたが、主眼は「経済復興」に置かれており、民主化には大きな力点は置かれていなかった。

　1960年代にアフリカを中心に多くの旧植民地が独立し、従来の宗主国の国内問題であった植民地の開発が、独立国間の「国際」開発に姿を変え、以後国際開発援助の歴史が本格化する。しかし開発援助の目標としては当初は「経済成長」だけが考慮されていた。考えてみれば、植民地支配という極めて非民主的な方法で統治していた旧宗主国が、民族自決の精神で独立した新国家に民主化を指導する、というのは悪い冗談でしかない、と考えられたのかもしれない。

　いずれにせよ、民主化が開発援助とは全く異なるカテゴリーとして扱われていた時に、日本では経済復興と民主化という目標が並立していた。それから40年後に国際開発の世界に、良いガバナンス（Good Governance）という概念が登場し、民主化が援助供与のコンディショナリティ（付帯条件）になっていくことを考えると、日本の事例はこれをはるかに先取りしていたとも言える。

　さて、その日本では「外から押し付けられた民主化」であったとしても、農地改革が断行され、憲法をはじめとする制度的な枠組みが出来上がり、1952（昭和27）年にGHQが撤収した後も国内でこの目標は維持され、本書で見たように生活改善や公衆衛生の現場ではその精神がしぶとく生き残っていた。その背景には、当時多くの日本人を捉えた「アメリカへのあこがれ」（これはGHQの情報・広報戦略の賜物でもある）もあり、人々は主体的に民主化という価値観を内面化していったのである。この民主的な価値観を内面化する過程ではトップダウンの制度ばかりではなく、農村女性の「生活改善実践グループ」や公衆衛生における「愛育班」活動のようなボトムアップの活動も一定の役割を果たしたのである。こうした活動は、本家アメリカにはない活動であり、ドナーとしてのアメリカ人が想定したものではないが、「日本型」の民主主義として定着していったのである。

2.　米日援助関係からの教訓

2.1.　ドナーが理想主義者であり続けたこと
　理想主義者のニューディーラー集団としてのGHQには、民主主義に対するゆるぎない信念と、それを「敗戦国」日本に植え付けることの歴史的使命感が

強く自覚されていた。民主化を正義として植え付けようとする一貫した姿勢
は、被援助者にとっては明確なメッセージとして伝わり、その初期インプット
が強烈であったがゆえに、その後の政策変更による「骨抜き」化にもかかわら
ず被援助者は当初の理想主義的な政策をよすがとして、主体的に活動を展開し
ていったと考えられる。

　GHQ総司令官としてのマッカーサーは、理想主義者として占領初期の日本
を民主化するという福音の使命に忠実であり続けようとした。この結果、アメ
リカ本国における政治的潮流の変化（理想よりも実利）や、東西冷戦構造を反映
した日本の戦略的重要性の増大、これを踏まえたワシントンからの日本の再軍
備要求などに抵抗し、それゆえに1950（昭和25）年にはトルーマン大統領から
解任されることになる（朝鮮戦争をめぐる意見対立もあったが）。結果としてマッ
カーサーは退場するのだが、ドナー側の現地責任者が理想に膠着したことの意
義は小さくない。この結果、被援助側にぶれない参照軸を与えることになった
ことは銘記されるべきであろう。

　このように、理想論に固執する現場責任者が存在し、本国の政策変更を無視
して一貫した支援の姿勢を示したことで、マクロレベルでは支援政策が民主化
から経済成長にシフトする中でも、ミクロレベルの現場では黙々と民主化を継
続する活動が可能となったのである。

　もう一つ重要な教訓としては、支援する側が日本とアメリカの文化的・社会
的背景の違いについて自覚的であったことが挙げられる。アメリカが戦時中か
ら日本占領を視野に入れて日本文化研究を進めていたことは有名であり（例え
ばルース・ベネディクト『菊と刀』は1946（昭和21）年に出版されている）、民主化が日
本社会に根付くためには社会文化的な背景に十分配慮する必要があることを理
解していた。天皇制の維持もこうした文脈で理解できるが、例えば公衆衛生分
野では、近代的な制度構築と並行して従来から慣習的に存在していた伝統的医
療人材の活用にも理解を示していたことが、本書第4章でも紹介されている。

　さらに、三つ目の教訓としては、支援者が被支援者の主体性を涵養すること
を目指し、被支援者の自尊心を尊重し、援助依存（スポイル）を起こさないこと
に配慮していたことが挙げられる。北米のキリスト教団体の連合会は1946（昭
和21）年4月に民間支援団体としての「アジア救援公認団体（Licensed Agency

for Relief in Asia :LARA)」を結成し[注1]、いわゆるララ物資を日本の庶民に提供し始めるが、その配給基本方針の中に「キリスト教を匿名化する」「外国人は裏方に徹する」「日本人の自主性を尊重する」という項目[注2]があった。GHQ の公衆衛生を指揮したサムス准将もこうした「日本人の主体性」を重視する姿勢を示していた。今日の開発援助でも「被援助者の主体性」は「運転席に座らせる」という言い方で重視されているが、他方でしばしば唱えられる「援助者の顔の見える援助 (Show the flag)」は、援助者の匿名化とは全く逆の方向性を示している。どちらがより理想主義的かは明らかであろう。

2.2. 被援助者の戦略性

戦後の米日関係と、今日のドナー／レシピアント関係の最大の違いは「拒否することのできない力関係」の存在である。今日の国際開発援助では、建前上被援助国は支援を断ることができるし、ドナーの援助供与条件が好ましくなければ他のドナーに依頼することも可能である。これに対し、敗戦国・被占領国であった日本には「拒否」という選択肢はなかった。

しかしながら、それでもなお今日の被援助国にとっての教訓となるのは、被援助者がドナーを最大限活用したことにある。外圧を、自らの理想実現のための資源として活用するという戦略である。よく知られている例だが、戦後最大の改革とも言える農地改革には、当然のことながら日本の既得権益層（地主、不在地主）からの抵抗が予想された。しかし、GHQ の指令であれば拒否することはできない。しかも、実は農林省の官僚の中には戦前から日本の農業の近代化、農村社会の封建制を打破するためには農地改革を行うべきだと考える人々もいたのであり、彼らは GHQ の指示を追い風として、自分たちが望んでいた政策により近づける努力をしたのである。

公衆衛生についても同様のことが指摘される。厚生省の官僚が進めたい施策がある場合、それを GHQ に相談して、GHQ からの指令を出してもらうことで自らの施策を推進するエンジンとしたのである。

占領後のことだが、1956（昭和31）年に開始された食生活栄養改善車＝キッチンカーについても「ドナーの利用」の側面が知られている。厚生省栄養課は、国民の栄養改善のために移動キッチン車両を使って農村部にも「近代的」な食

習慣を広報したいと考えていたが、当時の大蔵省からそのための予算を獲得することができなかった。しかし、生産過剰に陥った小麦の輸出先を探していた米国オレゴン州の小麦生産者組合が、アメリカの援助資金（公法480）を利用してキッチンカー8台を日本に供与し、厚生省はこれを利用して栄養改善普及活動を全国に展開することができた。ただし、これについては「小麦食、大豆食の奨励」というドナー側の条件が付随しており、これが日本人の米食離れを招いた、という批判がある[注3]。

2.3.　日本は、被援助国として優等生だったのか？

　日本は栄養改善のために、ユニセフから粉ミルクの支援を1964（昭和39）年まで受けていた。そして、その配分方法としては保健所のもとに「母子愛育班」という住民グループを設置しこの組織を経由して、必要な母子に粉ミルクを優先的に配分していた。この方式は、他の国に比べて「迅速、かつ公平」な配分が実現できていると当時のユニセフの担当者が評価したと言われている。地元エリートによる支援物資の独占、恣意的配分、横流しなどがしばしば起こる中で、日本は例外的に優れた被援助国であった。

　農村女性の地位向上や、農村生活の改善、保健栄養水準の向上などが戦後20年の間に着実に進捗し、高度成長の前提条件を形成した背景には、GHQの占領政策開始時に刷り込まれた「民主化」の精神が、脈々と生きながらえていたことも指摘できる。

　では、今日の被援助国にとって何らかの意味のある教訓をここから提示できるだろうか。

　被援助国として、日本は当時の他の途上国よりも援助受容能力が高かった可能性はあるが、21世紀の今日多くの途上国にも高学歴エリートは存在し、さまざまな援助を受け入れ慣れている。むしろ、こうした高学歴エリートは欧米留学経験があることが多く、民主化についても、経済開発理論についてもドナーと共通の理解を有している。しかし、問題となるのはエリートと一般国民の理解との乖離である。今日の途上国官僚は、国際的な開発潮流を疑うことなく内在化しているために、自国の固有の必要性に鈍感になっている可能性はある。これに対して、戦後日本では官僚も庶民も「復興」「経済成長」という目標

を共有しており、その文脈に沿って必要な施策を実現するために、官僚は外部ドナーとしてのアメリカを利用したのである。

2.4. 炭鉱問題とアメリカの政策

　農村開発と公衆衛生に比べると、炭鉱問題については GHQ やアメリカの政策は大きな成功を収めたとは言い難い。炭鉱労働に従事していた人々、炭鉱地帯の人々は高度成長の上げ潮に乗り損ねた、という意味で「取り残された」一群であった。ただし、石炭産業の盛衰は、政策に関わらず歴史的趨勢であったとも言える。

　むしろ、GHQ の政策によって石炭産業が一時的に延命させられたと考えればポジティブな影響を与えたとも言えるし、逆に占領初期の GHQ の労働運動に対する融和的な政策が炭鉱争議を過熱させ、産業界の石炭から石油へのシフトを促したという意味ではネガティブな影響を与えたとも言える。また、経済成長を抑制する政策から経済成長促進に GHQ の政策が変化するのに伴って、効率的な炭鉱経営が推奨されることとなったことを経営側が利用した側面もある。設備投資などで生産性を向上しようとする経営者と、雇用を確保しようとする労働組合との間で利害対立は不可避であったが、経営者はこの時に「効率的な経営／経営の近代化」を求める GHQ の論理を戦略的に利用して、労働組合を押し切ったと見ることができ、国内の政治的衝突にドナーの政策が利用されることもあるということは、忘れてはならないだろう。

　さらに炭鉱に関連しては、「ブームタウン」後遺症という教訓も導き出せる。映画『家族』の主人公は衰退する炭鉱に見切りをつけて農業開拓に転ずることができたが、転職することができなかった炭鉱労働者は少なくない。転職する機会を得られなかった人々はかつてのブームタウンから動くことができずに滞留することになった（第5章）。

　例えば筑豊地域の炭鉱では、終戦直後の労働力不足の時に他の地域の炭鉱から流れてきた人々が多く存在した。GHQ の誘致政策によって招き寄せられた浮浪児、戦災孤児もいたし、周辺県の農家の次三男なども多く、こうした人々は流入した時点で既に親族関係が希薄であり、その意味では社会関係資本に乏しい人々であった。同時に正規の教育を十分に受けていないという点で人的資

本としても不十分であった。したがって、炭鉱以外の職業に就く可能性に乏し
く、また炭鉱という結節点が失われることによって、社会から疎外されやす
かったのである。これは、今日の脱炭素化社会を目指す動きの中で、いかに石
炭産業に従事する人々の生活を維持するかという Just Transition（公正な移行）
の議論に直結する経験である。

2.5. 《1940年代の構造調整》

　時間の経過とともに GHQ の政策の主眼は経済政策に移行し、経済政策にお
ける GHQ の影響力は大きくなっていった。その最大のものは1949（昭和24）年
にアメリカから訪れた経済顧問団が提示したドッジ・ライン政策である（第2
章）。これは、冷戦構造下に発生した日本版の構造調整政策と見ることができ
る。本来 GHQ の経済官僚にはニューディーラーが多く、必要に応じて政府の
統制を容認する立場であったが、GHQ 顧問団として送り込まれた銀行家であ
るドッジは政府の介入に否定的であった。ドッジの見立ては日本の経済は、ア
メリカの援助と国内の補助金によってかさ上げされており、これによる日本の
インフレ経済を「構造調整」することが目指された。これは1980年代の世銀・
IMF による「構造調整政策」の原型と言える新自由主義的なショック療法で
あった。

　この方針の下、超均衡予算の策定、補助金の削減、復興金融公庫の新規貸し
出し停止など通貨供給を制限してインフレを終息させるとともに、価格統制の
順次撤廃、1ドル360円の単一為替レートへの収斂などで市場メカニズムの機
能改善を目指した。占領という圧倒的な力関係の差があるため、日本側はこれ
に対してほとんど抵抗することはできなかった。こうした新自由主義的合理化
政策の結果、1980年代の構造調整と同じく大量失業が発生し、「ドッジ不況」
と呼ばれる大きな社会的インパクトを与えた。ある意味で、ドナーの経済政策
の変更（ニューディーラーから新自由主義へ）が被援助国に大きな政策転換を促し
た実例と見ることができる。これによって石炭産業は最も甚大なダメージを
負ったのである。

3. 経済開発と社会開発

　本書では、高度成長期に向かう日本列島における、「普通の人々の暮らし」の変化に焦点を当てて考察してきた。開発研究においては、「社会開発」という概念がカバーする範囲である[注4]。日本において「社会開発」という言葉が政策用語として本格的に登場するのは1960年代の佐藤栄作内閣 (1964-72) 時代である。前任の池田隼人首相の「所得倍増計画」がそれなりに成功する一方で、公害をはじめとする「高度成長のひずみ」が意識され始め、佐藤首相はこれを是正する「社会開発」を政策の旗頭としたのであった。この1960年代に社会学者の福武直とその門下の松原治郎、青井和夫らは「社会保障研究所」で「社会開発」の意味するところを模索していた (杉田 2017：221)。

3.1. 社会開発の重要性

　本書では炭鉱、農村女性（農村開発・生活改善）、公衆衛生という三つのセクターをそれぞれ俯瞰してきたが、援助実施のあり方についてもいくつかのポイントが浮かび上がってきた。

　第一のポイントは、「人材育成」「Capacity Building」の重要性である。

　特に農村開発と公衆衛生は、生活改良普及員と保健婦という「末端公務員」の活動が根付き、ドナーとしてのGHQ撤退後も民主化に向けた現地の担い手が残っていた。そして農村開発では民主化を高次の目標に掲げつつ、具体的な活動に当たっては生活改善・生活の安定に主眼を置き、その結果貧困削減を達成するとともに、農村におけるリーダー育成という副産物も生み出した。もちろん、終戦直後の農業分野の主要な関心事は食糧増産であり、農林省傘下の農業改良普及所では男性の農業改良普及員を軸とした生産力増強という「経済開発」がメインで、この分野にはGHQの援助政策とはある程度独立に多くの資金が投入された。また1960（昭和35）年以降は都市との格差を意識した「所得向上」が追い求められたので、やはり経済開発が主であったが、生活改善運動も細々とではあるが継続されたことの意義は大きい。

　公衆衛生は、戦後の飢餓の克服、伝染病の予防という緊急時対応から、栄養改善・健康増進さらには生活の安定へとシフトアップしていった。これに伴い

終戦直後のベビーブームから、家族計画（当時は子どもが生まれすぎることが問題視されていた）へ、結核対策から環境衛生（蚊とハエをなくす全国運動）へと政策課題が変化し、その手法も住民参加型に移行していった。制度面では国民健康保険法が1958（昭和33）年に制定され、61（昭和36）年には全国の市町村で国民健康保険事業が始まり、高度成長期を支える国民皆保険制度が整えられていたことは、今日の途上国との大きな相違点と言えるかもしれない。

　これらに引き比べて炭鉱セクターは、GHQと日本国政府の政策の変更に大きく振り回された。マクロ経済としての石炭業界の盛衰と、経済政策における石炭の位置づけが目まぐるしく変わる中で、石炭産業のミクロレベルでは生活改良普及員、保健婦に当たるような末端行政の担当者が明確に存在したわけではない。部分的には労働運動が、労働者およびその家族の生活の向上に向けた取り組みをしていたが、労使対立の政治性の中に埋もれてしまった。この意味で、本書では十分に取り上げられなかった開発における労働組合の役割は今後の検討課題である。

　占領当初の「民主化」政策では戦時中の抑圧的な政策を否定するために、1945（昭和20）年10月に政治犯の釈放、共産党の復権や、マッカーサーによる労働組合結成奨励指令などが示された。この路線上に1946（昭和21）年に労働基準法が制定され労働三権の確立などをGHQが後押しした。これは、農地改革と同様占領者という圧倒的な存在なしには達成できなかった開発政策・民主化改革であった。

　しかし、徐々に経済界からの巻き返しが進むとともに、アメリカ本国におけるニューディール政策の退潮、冷戦構造の固定化、朝鮮戦争の勃発などから民主化よりも日本の経済成長を支援する方向性が明確になり、このために労働組合の活動を制限する動きが進んだ。これと並行して石炭業界自体の「斜陽化」が始まったため、産炭地の人々、労働者、地域の経済を支える主体へのキャパシティ・ビルディング、人材育成支援が途絶えてしまった。

　もちろん、政府はさまざまな施策で産業の切り替え、労働者の職業あっせんなどの努力はするのだが、炭鉱労働者の生活のあり方、職業能力の獲得の経緯などを踏まえると、衰退産業から成長産業へ右から左へと職業転換できるというのは「机上の空論」である。しかし高度成長期に入るとこれらの人々を支援

する政治勢力はもはや存在しなかった。こうして、旧産炭地の多くは「過疎化」「生活保護依存」という道を転げ落ち始めるのである。

3.2.　長期的視点での帰結の評価～成功神話の脱構築

　生活改善も公衆衛生も高度成長期を準備したという意味では大成功である。しかし、例えば半世紀、あるいは二世代というタイムスパンで見た場合、農村生活改善による農村の近代化は、次世代の人々の都市への流出を後押ししてしまったのではないか、伝統的な文化、コミュニティの喪失を加速化してしまったのではないか、という反省がありうる。農村における農業の衰退は、炭鉱と比べるとはるかに緩慢なスピードではあるが、これもやはり産業転換として捉える必要がある。

　公衆衛生も、出産時の施設分娩への急速な転換、乳幼児死亡率の激減の後、高度成長とともに生活習慣病の拡大を迎えるが、この背景には栄養改善の中で和食の放棄、高カロリーの西洋的食習慣へ移行を後押ししたことがあるとも言われる。こうして二世代後には、農村部の過疎化、少子高齢化の最先端を走る日本ならではの介護需要の増大と介護人材の絶対的な不足から介護人材を求めて外国人労働力、さらには技能実習生の雇用が必要な事態に至っている。

　戦時下では、朝鮮半島出身者、中国大陸から拘留されてきた労働者などが「強制労働」によって炭鉱労働を賄っていたが、戦後こうした人々が帰国したために産炭需要が増加したにもかかわらず一時的に労働力不足を招いた。このため、第2章で紹介したように労働条件や衣食住の条件を改善して労働者を募ったために、労働者の生活環境は急激に改善したと言われる。

　炭鉱は、占領当初は民主化と経済復興と雇用確保と貧困層対策が一致していた「幸せな産業」であった。しかしながら、石炭の斜陽産業化とともにマージナル化されてしまうのである。そして三世代後の現在に至るも、これら地域の社会保障依存度が高いままという「負の文化遺産」を継承している。これは開発過程で生じる特定産業に依存した一時的な「ブームタウン」が産業転換に失敗した典型的な事例と見ることができる。

　今日の途上国でも鉱山（レアメタル、石炭など）の採掘で一時的に潤う地域や、外資誘導のための工業地帯建設でブームタウンとなることはしばしばあるが、

そのブームが去った後にどのように持続可能な発展経路につないでいくのか、日本の旧産炭地の経験は多くの教訓を残している。

　このように開発プロジェクトのその後を50年単位で観察できる数少ない事例として、戦後日本の経験は今後の開発研究に多くの示唆をもたらすことが期待される。

4.　被援助国からドナーへ

　占領終了は日本国民の悲願であり、サンフランシスコ講和条約（1951年9月）により、独立国としての再出発が認められ、1952（昭和27）年4月28日にGHQが撤収して日本は国際社会に復帰する。これは同時に、これまで庇護してくれていたスポンサーの消失でもあり、またまだ資金調達力の小さい日本政府が、復興・開発への資金を自力で調達する全責任を担わなければならないことを意味した。

　そこでまず最初に救いの手を求めたのは世界銀行である。世界銀行はアメリカ政府の意向が直接的に反映されている援助機関でもあるので、この展開は自然なものであったと言える。世銀からの最初の借款は、「産業のコメ」である電力供給力強化のための多奈川（関西電力）、苅田（九州電力）、四日市（中部電力）の火力発電事業に対する借款で、1953（昭和28）年10月に調印された。この時ドナーである世銀からは電力料金の引き上げなどさまざまなコンディショナリティを突き付けられた。日本側の関係者にとっては外部者にあれこれ指図される、自らの専門家としての自律的な判断を否定されるという意味で、非常に不愉快な条件と受け取られ、「国辱的な融資」という反応さえあった。

　しかしドナーの立場から見ると、途上国に対する技術支援や借款に伴う技術指導、並びに借款が確実に返済されるようにという配慮から提示される条件と同じ構図である。こうした外部者からの注文は、現地の社会・文化的な制約を配慮しない非現実的なものである場合はプロジェクトをとん挫させるが、他方で当事者たちが既得権益のしがらみにからめとられていて、正しいと思っていても断行できないような場合には「外部者からの圧力」として機能し、正論を断行する契機となる場合もあることは重要な「よそ者の介入効果」である。

　これは、今日の途上国に対する借款とコンディショナリティの関係を理解するうえで重要である。世銀はその後、農業分野（釧路平野の根釧パイロットファーム事業、新篠津の開拓事業、愛知用水など）、交通分野（東名高速道路、東海道新幹線）など、高度成長の下支えとなる31のプロジェクトの開発資金を融資することになる（第2章表2-1）。なお、日本がすべての借款を返済したのは1990（平成2）年の事である。

　被援助国として世銀借款を受ける一方で、ほぼ同時期の1954（昭和29）年に、日本はアジア途上国に対する政府開発援助（ODA）を開始している。周知のとおり日本のODAは、太平洋戦争で迷惑をかけた近隣国への賠償から始まっており、日本が国際社会に復帰し、日本企業が国際市場に再進出する際の入場券としての側面も強かった。

　その際に、インフラ建設プロジェクトが多かったのは、日本の建設業界が国内のダム建設などで習得した近代機器・重機を用いたインフラ建設技術を一刻も早く活用したいという期待もあったと考えられる。

　その後、技術専門家派遣も始まり高度成長を経過した1980年代からは貿易黒字の還流という世界的なプレッシャーから累次の「ODA倍増計画」を積み重ね、1989（平成元）年には世界一のODA大国に上り詰める。しかしこの間、日本は自らが「被援助国」であった経験を十分活用したとは言い難い。特に、高度成長を準備した社会開発の経験を分野横断的に理解し、評価する作業はほとんど行われてこなかった。そのことは、日本が経済成長の成功を途上国に平行移動するように「技術移転」「インフラ建設」というハコモノ援助を中心にODAを提供してきたことにも表れている。

　日本のODAが社会開発分野に関心を向け始めたのは1990年代後半からであり、それも欧米の開発学からの受け売りから始まっていた。しかしながら、戦後日本の経験は本書で明らかになったように、経済発展に先行する社会開発の重要性、そして社会開発にあたってのドナーの立ち位置、メッセージ発信のあり方の重要性など、開発援助に対する多くの示唆を内在している。こうした日本の経験を振り返り、世界に向けて発信することで21世紀の開発援助により一層の貢献をすることができるだろう。本書をスタートラインに、「日本の開発社会学」をさらに深めていきたい。

[注]

1　「ララ救援活動の発端は何か」(chrome-extension://efaidnbmnnnibpcajpcglclefindmkaj/https://www.hc rjapan.org/lara/pdf/Lara_file01.pdf　2023年3月8日取得)

2　基本精神は①Equality: 公平性(援助を必要としている人々に公平に分配する。そのためのキリスト教の匿名化)、②Independence: 自主性(援助者側の外国人が表に立たずに裏方に徹し、配分計画はなるべく日本側に任せる)、③Dignity: 尊厳を守る(日本人が自尊心を失ったり、依頼心を起こしすぎないように配慮する)、④Collaboration: 官民共同(ボランタリーな市民活動の特質を守り、GHQやアメリカ政府の力がなるべく加わらないように)、⑤It is more blessed to give than to receive: 受けるよりは与える方が幸いである＝『新約聖書』使徒言行録20章35節より引用(将来的に日本人が他国の困っている人々に援助活動を行えるようになることを目標とする)。ララとCWS – CWS JAPAN｜Church World Service(https://www.cwsjapan.org/story/lara/　2023年3月8日取得)

3　鈴木猛夫『「アメリカ小麦戦略」と日本人の食生活』藤原書店、2003年。

4　佐藤寛「社会開発に込められる多様な期待」佐藤寛編著『テキスト社会開発：貧困削減への新たな道筋』日本評論社、2007年、12頁。

参考文献

杉田菜穂(2017)「社会開発の時代：1960年代の日本をめぐって」『経済学雑誌』第117巻3号、大阪市立大学、219-232頁

あとがき

　本書もまた難産でした。日本の戦後をそれぞれが得意とする分野（農村、保健、炭鉱、ダム）ごとに整理・比較することで、世界の開発援助の歴史の中に日本の経験を位置づける、という研究会を開始したのは2015年でした。

　幸い2016年度から2018年度までは科研費「戦後日本の開発社会学〜高度成長の社会的前提条件の比較検討」（日本学術振興会　課題番号16H03708）の助を得て福岡、名古屋、東京で何度か研究会を積み重ねました。本書はこの研究会の成果です。ただ、各自の分野の整理をするところまではスムースだったのですが、一冊の本にまとめる作業が難航し、おりしも2020年から始まった新型コロナ感染症下で、オンライン会議でもどかしいやり取りを繰り返していました。最終的には2022年に明石書店の大江道雅社長のご英断により、出版のめどがついたことでラストスパートが始まり、ようやく完成することができました。

　本書出版にあたっては、研究会メンバーである早稲田大学の浜本篤史氏の貢献に感謝せずにはいられません。第一部で各分野のマクロな「援助‐被援助」関係を整理し、第二部でローカルな状況について詳述する、という二部構成は浜本さんのアイデアです。また、最終的には本書に収録することはできませんでしたが浜本さんの専門である「ダム」の分野の研究から他のメンバーが学ぶことも非常に多く、全国総合開発計画（全総）についての視野を開いてくれたのも浜本さんです。

　第2章の共同執筆者である滝村卓司さんは、JICA（国際協力機構）で開発援助の実務に携わるかたわら、編者が主催する「ゼミナール・開発援助の社会学」にも熱心に参加され、早期退職して小倉に移り住んでからは炭鉱研究にも意欲的に取り組んでいました。残念ながら闘病生活の末2019年2月に逝去されたので、本書が絶筆となってしまいましたが、こうして滝村さんの努力の成果を世に送り出すことができ、編者として、そして長年の友人としてほっとしてい

ます。

　GHQ を援助ドナーとして、占領下の日本を途上国として位置づける、という
うアイデアはそれなりに成功したのではないかと思っていますが、本書が読者
の皆様にいくつかのインスピレーションをお示しすることができるなら、これ
に勝る喜びはありません。

2023年　桜花舞う頃

佐藤　寛

執筆者（掲載順）

佐野 麻由子（さの・まゆこ）
福岡県立大学人間社会学部教授
〈主な著書・論文〉
『変容するアジアの家族―シンガポール、台湾、ネパール、スリランカの現場から』（共編著）明石書店、2022 ／「「それでも息子が欲しい」？―ネパールにみる過渡期的発展と男児選好の未来」『グローバル現代社会論』（山田真茂留編著）pp.137-153、文眞堂、2018 ／『開発社会学を学ぶための60冊―援助と発展を根本から考えよう』（共編著）明石書店、2015
〈自分にとっての「戦後研究」の意味〉
筆者にとって「戦後研究」は、本務校のある筑豊・田川地域の歴史を知り、理解するプロセスそのものでした。東京にいたときには見えなかった景色－高度経済成長の光と翳－をみせてもらいました。様々な領域の研究蓄積をつなぎ、編み直す「戦後研究」は、過去の教訓を詳らかにし、より良い未来の創造につなげるという点で、今後さらに重要度が増すと確信しております。

辰己 佳寿子（たつみ・かずこ）
福岡大学経済学部教授
〈主な著書・論文〉
「山口県の生活改善における女性リーダーと生活改良普及員」『世界に広がる農村生活改善―日本から中国・アフリカ・中南米へ』（水野正己・堀口正編）pp.42-61、晃洋書房、2019 ／『グローカルなむらづくりにおける農家女性の役割―生活改善における「考える農民」再考』農政調査委員会（農－英知と進歩－No.293）、2013 ／「『女性の力』で地域をつくる―山口県の『生活改善』の現場から」『農村文化運動』（No.194）農山漁村文化協会、2009
〈自分にとっての「戦後研究」の意味〉
戦後を生き抜いてこられた方々の背中を見ながら成長してきたひとりの研究者として、そしてひとりの生活者として真摯に対峙しなければならない課題のひとつ。

坂本 真理子（さかもと・まりこ）
愛知医科大学看護学部教授
〈主な著書・論文〉
「保健師の活動事例から導く地域国保健活動における困難さの内容」（水谷聖子・小塩泰代と共著）『国際保健医療』19（1）、pp.11-18、2004 ／「戦後復興期から高度成長期における保健婦活動の取り組みの特徴～発展途上国への活用にむけて～」（若杉里実・錦織正子と共著）『愛知医科大学看護学部紀要』4、pp.9-16、2005 ／「開拓保健婦の足跡について」（中村安秀編著）『地域保健の原点を探る―戦後日本の事例から学ぶプライマリ・ヘルスケア』杏林書店、2018
〈自分にとっての「戦後研究」の意味〉
自分自身の職業アイデンティティでもある「保健師」の職業的価値観はどのように形づくられたのか。「保健師」は時代の変化とともに何を変化させ、何にこだわり抜いていくべきなのか。戦後研究からは、汗にまみれ泥臭い活動に奔走した先人たちの息吹が聞こえる。戦後研究は私にとって、過去、現在に続く未来に向けた答えを探す道のりでもある。

編著者

佐藤 寛（さとう・かん）

開発社会学舎主宰（アジア経済研究所名誉研究員）

〈主な著書・論文〉

『コンビニからアジアを覗く』（編著）日本評論社、2021 ／『開発援助と人類学』（編著）明石書店、2011 ／『開発援助の社会学』（単著）世界思想社、2005 ／「戦後日本の生活改善運動」『開発学を学ぶ人のために』（菊池京子編）pp.144-163、世界思想社、2001 ／「日本の ODA の存在意義」『国際開発研究』第 7 巻第 2 号、pp.9-25、国際開発学会、1998

〈自分にとっての「戦後研究」の意味〉

大学の卒論で『開発社会学序説』を書いた時から「内発的発展論」は私の中で未解決の問題として残っています。そして途上国の発展と開発援助を考える際に、日本の発展の軌跡をどう捉えるか、明治維新と戦後復興を開発の文脈でどう相対化するか、がこの内発的発展論問題を解く鍵を提供してくれるのではないかと思っています。その意味で戦後研究は私の開発社会学研究にとっての「宝の山」なのです。

戦後日本の開発経験
——高度成長の礎となった「炭鉱・農村・公衆衛生」

2023 年 5 月 5 日　初版第 1 刷発行

編著者	佐藤　寛
発行者	大江道雅
発行所	株式会社 明石書店
	〒101-0021　東京都千代田区外神田6-9-5
電　話	03（5818）1171
ＦＡＸ	03（5818）1174
振　替	00100-7-24505
	https://www.akashi.co.jp
装丁	明石書店デザイン室
印刷	株式会社文化カラー印刷
製本	本間製本株式会社

（定価はカバーに表示してあります）　　　　　　　　　　ISBN978-4-7503-5591-7

〈価格は本体価格です〉

参加型ワークショップ入門
ロバート・チェンバース著　●野田直人監訳　2800円

第三世界の農村開発　貧困の解決—私たちにできること
ロバート・チェンバース著　穂積智夫、甲斐田万智子監訳　●3390円

参加型開発と国際協力　変わるのはわたしたち
明石ライブラリー24　ロバート・チェンバース著　野田直人、白鳥清志監訳　●3800円

開発の思想と行動　「責任ある豊かさ」のために
明石ライブラリー104　ロバート・チェンバース著　野田直人監訳　中林さえ子、藤倉達郎訳　●3800円

変容する参加型開発　「専制」を超えて
明石ライブラリー119　サミュエル・ヒッキィ、ジャイルズ・モハン編　真崎克彦監訳　谷口英里共訳　●3800円

グローバル問題とNGO・市民社会
馬橋憲男、高柳彰夫編　●3900円

開発社会学を学ぶための60冊　援助と発展を根本から考えよう
佐藤寛、浜本篤史、佐野麻由子、滝村卓司編著　●2600円

開発政治学を学ぶための61冊　開発途上国のガバナンス理解のために
木村宏恒監修　稲田十一、小山田英治、金丸裕志、杉浦功一編著　●2800円

社会調査からみる途上国開発　アジア6カ国の社会変容の実像
山田満編　●2600円

国際開発援助の変貌と新興国の台頭　被援助国から援助国への転換
エマ・モーズリー著　佐藤眞理子、加藤佳代訳　●4800円

開発援助と人類学　冷戦・蜜月・パートナーシップ
佐藤寛、藤掛洋子編著　●2800円

激動するグローバル市民社会　「慈善」から「公正」への発展と展開
重田康博　●2400円

正義のアイディア
アマルティア・セン著　池本幸生訳　●3800円

開発なき成長の限界　現代インドの貧困・格差・社会的分断
アマルティア・セン、ジャン・ドレーズ著　湊・樹訳　●4600円

参加型開発による地域づくりの方法　PRA実践ハンドブック
ソメシュ・クマール著　田中治彦監訳　（特活）開発教育協会　企画協力　●3800円

グローバル時代の「開発」を考える　世界と関わり、共に生きるための7つのヒント
西あい、湯本浩之編著　●2300円

〈価格は本体価格です〉